不负嘱托 砥砺前行

奋力书写中国式现代化内蒙古新篇章

本书编写组

内蒙古人民出版社

图书在版编目（CIP）数据

不负嘱托 砥砺前行：奋力书写中国式现代化内蒙古新篇章 /
本书编写组编 . -- 呼和浩特：内蒙古人民出版社，2024.4
（2025.1 重印）
ISBN 978-7-204-18070-7

Ⅰ . ①不… Ⅱ . ①本… Ⅲ . ①现代化建设 – 研究 – 内蒙古
Ⅳ . ① D672.6

中国国家版本馆 CIP 数据核字 (2024) 第 093843 号

不负嘱托 砥砺前行——奋力书写中国式现代化内蒙古新篇章

作　　者	本书编写组	
责任编辑	王　静　蔺小英　董丽娟	
封面设计	刘那日苏	
出版发行	内蒙古人民出版社	
地　　址	呼和浩特市新城区中山东路 8 号波士名人国际 B 座五层	
网　　址	http://www.impph.cn	
印　　刷	内蒙古恩科赛美好印刷有限公司	
开　　本	710mm×1000mm　1/16	
印　　张	8	
字　　数	80 千	
版　　次	2024 年 4 月第 1 版	
印　　次	2025 年 1 月第 2 次印刷	
书　　号	ISBN 978-7-204-18070-7	
定　　价	35.00 元	

如出现印装质量问题，请与我社联系。联系电话：（0471）3946120 3946124

出版说明

不负嘱托担使命，砥砺前行谱新篇。习近平总书记对内蒙古格外关心，到党中央工作后，4 次到内蒙古考察，6 次参加全国人民代表大会内蒙古代表团审议，10 次就内蒙古工作发表重要讲话，多次就内蒙古有关工作作出重要指示，涵盖了内蒙古发展建设的方方面面，构成了习近平新时代中国特色社会主义思想的"内蒙古篇"。在习近平总书记的亲切关怀和指引下，新时代的内蒙古，经济发展、民族团结、文化繁荣、边疆安宁、生态良好，各族人民手足相亲、守望相助，祖国北部边疆风景线更加亮丽。

2023 年 12 月，中国共产党内蒙古自治区第十一届委员会第七次全体会议审议通过《关于全面贯彻铸牢中华民族共同体意识主线的若干措施》，要求各级党委（党组）教育引导各族干部群众牢牢铭记"六句话的事实和道理"，即：内蒙古地区是中国共产党最早建立党组织的民族地区，内蒙古自治区是在中共中央直接领导下建立的，内蒙古是在党中央的支持下发展起来的，内蒙古工作中出现的重大偏差都是党中央帮助纠正的，内蒙古新时代的发展成就是在习近平总书记亲切关怀和指引下取得的，内蒙古作为"模范自治区"模范就模范在听党的话上。

这"六句话"是对中国共产党内蒙古历史的深刻总结和高度概括，客观反映了中国共产党内蒙古历史的主题主线和主流本质，充分体现了习近平总书记和党中央对内蒙古各族人民的深情厚爱，真挚表达了内蒙古2400万各族人民的共同心声，更加坚定了内蒙古各族人民矢志不移听党话跟党走的如磐信念，为新时代内蒙古做好各项工作提供了经验指导，在全区广大党员干部群众中引起热烈反响。

内蒙古自治区党委在全区深入开展"感党恩、听党话、跟党走"群众教育实践活动，广泛宣传宣讲"六句话的事实和道理"，有效激发了各族干部群众守望相助、紧跟习近平总书记奋进新征程的热情和干劲。为帮助全区广大党员干部群众更好地理解把握"内蒙古新时代的发展成就是在习近平总书记亲切关怀和指引下取得的"的深刻内涵，自治区党委组织部会同党史和地方志研究室组织编写了《不负嘱托 砥砺前行——奋力书写中国式现代化内蒙古新篇章》一书，忠实记录习近平总书记对内蒙古的亲切关怀和殷殷嘱托，客观记述新时代内蒙古2400万各族人民砥砺奋进所取得的巨大成就。

内蒙古广大党员干部群众要将本书与《"五句话"的事

实和道理辅导读本》结合起来认真学习使用，深切体悟习近平总书记和党中央对内蒙古的关心关爱，铸牢中华民族共同体意识，大力弘扬蒙古马精神和"三北精神"，以强烈的感恩之心和坚定的奋进之志完成好五大任务和全方位建设模范自治区两件大事，努力实现闯新路、进中游目标，奋力书写中国式现代化内蒙古新篇章。

本书编写组

2024 年 3 月

目 录

Contents

习近平总书记
对内蒙古发展提出殷切期望

内蒙古是我国民族区域自治制度的发祥地和实践场，在党和国家战略全局中占有特殊重要的地位。习近平总书记一直牵挂着内蒙古，对内蒙古工作高度重视，对内蒙古各族人民深切关怀，对内蒙古发展提出殷切期望。

2014 年，习近平总书记考察内蒙古时提出了"把祖国北部边疆这道风景线打造得更加亮丽"的要求。2017 年，内蒙古自治区成立 70 周年，习近平总书记为内蒙古题词"建设亮丽内蒙古，共圆伟大中国梦"。

中央代表团赠予内蒙古的习近平总书记题词贺匾

不负嘱托 砥砺前行——奋力书写中国式现代化内蒙古新篇章

　　2018 年，习近平总书记参加十三届全国人大一次会议内蒙古代表团审议时指出，内蒙古改革发展稳定工作做好了，在全国、在国际上都有积极意义。2019 年，习近平总书记参加十三届全国人大二次会议内蒙古代表团审议时强调，保持加强生态文明建设的战略定力，探索以生态优先、绿色发展为导向的高质量发展新路子，加大生态系统保护力度，打好污染防治攻坚战，守护好祖国北疆这道亮丽风景线。2020 年，习近平总书记参加十三届全国人大三次会议内蒙古代表团审议时勉励我们"在新时代全面建设社会主义现代化国家征程上书写内蒙古发展新篇章"。2022 年，习近平总书记参加十三届全国人大五次会议内蒙古代表团审议时叮嘱我们"把祖国北部边疆风景线打造得更加亮丽，书写新时代内

蒙古高质量发展新篇章"。2023 年，习近平总书记在内蒙古考察时指出，内蒙古是我国最早成立的民族自治区，在中国式现代化建设中闯出新路来，在全国、在国际上都有重要影响。他勉励我们"奋力书写中国式现代化内蒙古新篇章"。

从"书写发展新篇章"到"书写高质量发展新篇章"，再到"书写中国式现代化新篇章"，从做好"改革发展稳定工作"到"闯出新路来"，从"有积极意义"到"有重要影响"，内涵越来越丰富、范畴越来越广、定位越来越高、期许越来越深。"在中国式现代化建设中闯出新路来"，这是习近平总书记为内蒙古指明的前进方向、明确的发展目标、提出的殷切期望。

凝心聚力完成好五大任务

2021 年，习近平总书记参加十三届全国人大四次会议内蒙古代表团审议时，明确提出把内蒙古建设成为我国北方重要生态安全屏障、祖国北疆安全稳定屏障，建设国家重要能源和战略资源基地、农畜产品生产基地，打造我国向北开放重要桥头堡的战略定位。2023 年，习近平总书记在内蒙古考察时又叮嘱内蒙古"在建设'两个屏障'、'两个基地'、'一个桥头堡'上展现新作为"。这五大任务是习近平总书记历次到内蒙古考察、2018—2022 年参加十三届全国人大历次会议内蒙古代表团审议以及党的十八大以来对内蒙古的多次重要批示中，陆续提出并反复强调的，蕴含着习近平总书记对边疆民族地区发展的深邃思考，是内蒙古在推进中国式现代化进程中必须扛起的要责和重任。

一、建设我国北方重要生态安全屏障

内蒙古横跨"三北"，有草原 8.15 亿亩，约占全国草原面积的 1/5；森林 3.57 亿亩，约占全国森林面积的 1/10；湿地 7282.8 万亩，约占全国湿地面积的 1/12；荒漠化和沙化土

内蒙古横跨"三北",森林资源富集,在给我国北方地区披上风沙"防护服"的同时,还为全国人民打造了超级"碳库"和纯净"氧吧"。图为呼伦贝尔市大兴安岭林区

地面积分别占全国荒漠化和沙化土地面积的近1/4;是我国北方面积最大、种类最全的生态功能区。在国家以"两屏三带"

📖 知识链接

两屏三带

2010年,国务院印发的《全国主体功能区规划》明确了我国以"两屏三带"为主体的生态安全战略格局。该生态安全战略格局以青藏高原生态屏障、黄土高原川滇生态屏障、东北森林带、北方防沙带和南方丘陵土地带以及大江大河重要水系为骨架,以其他国家重点生态功能区为重要支撑,以点状分布的国家禁止开发区域为重要组成部分。

为主体的生态安全战略格局中，内蒙古是东北森林带、北方防沙带和黄河重点生态区的主要组成部分，是北方地区的"水塔"和"林网"，是我国治理荒漠化的主战场、防御沙尘暴的主防线。

（一）守好这方碧绿、这片蔚蓝、这份纯净

来内蒙古考察和参加十三届全国人大历次会议内蒙古代表团审议，习近平总书记都对内蒙古生态环境建设和保护作出重要指示。2014年，习近平总书记考察内蒙古时，立足全国，给各级干部群众以明确指引："我看出路主要有两条，一条是继续组织实施好重大生态修复工程，搞好京津风沙源治理、

从"沙进人退"到"绿进沙退"，库布其沙漠治理成效显著，被联合国环境规划署确定为全球沙漠"生态经济示范区"。图为库布其沙漠锁边林

三北防护林体系建设、退耕还林、退牧还草等重点工程建设；一条是积极探索加快生态文明制度建设。"

2019 年，习近平总书记参加十三届全国人大二次会议内蒙古代表团审议时指出，内蒙古生态状况如何，不仅关系全区各族群众生存和发展，而且关系华北、东北、西北乃至全国生态安全。把内蒙古建成我国北方重要生态安全屏障，是立足全国发展大局确立的战略定位，也是内蒙古必须自觉担负起的重大责任。构筑我国北方重要生态安全屏障，把祖国北疆这道风景线建设得更加亮丽，必须以更大的决心、付出更为艰巨的努力。2019 年，习近平总书记在内蒙古考察时指出，筑牢祖国北方重要的生态安全屏障，守好这方碧绿、这片蔚蓝、这份纯净，要坚定不移走生态优先、绿色发展之路，世世代代干下去，努力打造青山常在、绿水长流、空气常新的美丽中国。2017 年、2019 年，习近平总书记分别向第六届、第七届库布其国际沙漠论坛致贺信，高度赞扬库布其沙漠治理为国际社会治理环境生态、落实 2030 年议程提供了中国经验。

习近平总书记关心呼伦湖、乌梁素海、岱海（即"一湖两海"）污染防治进展，重视察汗淖尔生态问题，要求"把祖国北疆这道万里绿色长城构筑得更加牢固"，提出"统筹山水林田湖草沙系统治理"。

2023 年 6 月 5 日，第 50 个世界环境日，习近平总书记到巴彦淖尔市乌梁素海考察，了解当地坚持山水林田湖草沙一体化保护和系统治理、促进生态环境恢复等情况，察看乌梁素海自然风貌和周边生态环境。习近平总书记指出，治理好乌梁素海流域，对于保障我国北方生态安全具有十分重要的意义。乌梁素海治理和保护的方向是明确的，要用心治理、精心呵护，一以贯之、久久为功，守护好这颗"塞外明珠"，

"塞外明珠"焕发光彩。图为夏日的乌梁素海

为子孙后代留下一个山青、水秀、空气新的美丽家园。

6月6日，习近平总书记走进临河区国营新华林场，端详着扎根沙地的树木，感慨地说："像'三北'防护林体系建设这样的重大生态工程，只有在中国共产党领导下才能干成。三北地区生态非常脆弱，防沙治沙是一个长期的历史任务，我们必须持续抓好这项工作，对得起我们的祖先和后代。"当天，习近平总书记主持召开加强荒漠化综合防治和推进"三北"等重点生态工程建设座谈会，专题研究部署防沙治沙和"三北"等重点生态工程工作，这标志着我们党对解决荒漠生态治理这一世界级难题的认识和实践达到了新的高度。座谈会上，习近平总书记语重心长地说："搞生态文明建设，上要对得起中华民族的老祖宗，下要对我们的子孙后代有所交代。对大自然我们要有敬畏感，要把'三北'防护林体系建设这件事抓好，对历史负责，对人民负责。"他还深刻指出，要因地制宜、科学推广应用行之有效的治理模式。四十多年来我们创新探索了宁夏中卫沙坡头模式、内蒙古磴口模式，还有库布其模式、新疆的柯柯牙模式等一大批行之有效的治沙模式。这次考察之行，习近平总书记反复强调，筑牢我国北方重要生态安全屏障，是内蒙古必须牢记的"国之大者"。习近平总书记的殷殷嘱托，是为了让内蒙古保持加强生态文明建设的战略定力，为人民群众守好这方碧绿、这片蔚蓝、这份纯净。

（二）牢记"国之大者"，把我国北方重要生态安全屏障构筑得牢不可破

党的十八大以来，内蒙古深入践行习近平生态文明思想，始终保持加强生态文明建设的战略定力，切实担负起维护国家生态安全的重大政治责任，坚定不移保生态、抓节约、治污染、促转型，在培育健康稳定、功能完备的生态系统上取得积极成效，生态环境质量持续改善，生态文明建设迈上新台阶、呈现新气象。2011年起实施国家草原生态保护补助奖励政策，让广袤草原"带薪休假"；2015年起大兴安岭林区"挂斧停锯"，全面停止天然林商业性采伐；探索实践了库布其治沙模式和磴口模式，对重点沙漠实施"锁边治理"，通过"造封飞、乔灌草、带网片"等举措，累计完成营造林1.37亿亩、种草3.36亿亩，年均完成防沙治沙1200多万亩，规模均居全国之首。全区草原植被盖度和森林覆盖率实现"双提高"，荒漠化和沙化土地面积实现"双减少"，成功遏制了荒漠化扩展的态势，重点治理区实现了从"沙进人退"到"绿进沙退"的历史性转变。毛乌素沙地治理获得习近平总书记称赞，库布其沙漠治理模式为全球荒漠化治理贡献了"中国智慧"。今日的内蒙古，地更绿、土更净、草更密、林更丰、山更青、水更秀、天更蓝、气更爽。

黄河流域生态保护与建设扎实推进

内蒙古高度重视黄河流域生态保护与建设，制定出台《内蒙古自治区贯彻落实〈中华人民共和国黄河保护法〉实施方案》和《"十四五"黄河流域生态环境综合治理实施方案》。在黄河流域统筹山水林田湖草沙系统治理，采取人工造林种草、封山育林育草等综合措施，宜绿则绿、宜荒则荒，在荒山荒坡种植耐旱植被，严控大面积种植高耗水植被，黄河流域水生态环境质量改善成效显著。2019—2023 年，完成境内黄河流域林草生态建设面积 3958.84 万亩，水土流失综合

呼和浩特市实施大黑河流域生态修复工程，利用大黑河沿线污水处理厂净化尾水对河道进行生态修复，提升河道的生态环境质量。图为大黑河郊野公园的"千岛湖"

治理 1833.21 万亩。黄河干流内蒙古段水质连续 4 年保持 Ⅱ 类，支流国考断面首次全面消劣，流域内优良水体比例达到 81.3%，同比上升 4.2 个百分点，较 2019 年上升 12.5 个百分点。成功消除大黑河、小黑河、乌兰木伦河、昆都仑河、龙王沟 5 条黄河支流劣 Ⅴ 类水体。鄂尔多斯市、呼和浩特市分别成功获批黄河重点生态区和北方防沙带—黄河重点生态区历史遗留废弃矿山生态修复示范工程项目。

以主力先锋姿态全面打响"三北"工程攻坚战

自 1978 年"三北"工程启动以来，内蒙古累计投入 56 亿元实施了 5 期工程，完成建设任务 1.54 亿亩，约占全国总建设任务的 1/3，在"三北"工程涉及的 13 个省区市中居首位。2023 年 6 月加强荒漠化综合防治和推进"三北"等重点生态工程建设座谈会召开后，内蒙古坚定自觉地打主攻、当主力，全区 103 个旗县（市、区）全部纳入"三北"工程实施范围，全面打响"三北"工程攻坚战和三大标志性战役。全区日均造林 1.7 万亩、种草 8.8 万亩、防沙治沙 3.7 万亩，跑出了国土绿化与防沙治沙的"加速度"。坚持因地制宜、分类施策，在"三北"工程三大标志性战役片区对十二大关键战役作出安排部署，规划到 2030 年完成沙化土地综合治理任务占全国总任务的一半以上。在黄河"几字弯"攻坚战片区，以防风固沙、减少黄河输沙量为主攻方向，对黄河安全保卫战、贺兰山生态廊道护卫战、控沙斩源攻坚战、"塞外明珠"保卫战四大战役作出安排部署；在科尔沁和浑善达克沙地歼灭战片区，以阻断沙尘入京和防治风沙危害为主攻方向，对首都沙源歼灭战、沙源分割包围战、增绿提质护卫战三大战役作出安排部署；在河西走廊—塔克拉玛干沙漠边缘阻击战片区，以建设巴丹吉林和腾格里沙漠锁边林草带、阻止沙漠东侵南移为主攻方向，对阻沙汇合阻击战、河西走廊绿洲保卫战、阻沙进城阵地战、阻沙护路攻坚战、军事基地护卫战五大战役作出安排部署。与此同时，积极推进联防联治，与甘肃省林草局签订联防联治框架合作协议，合力打好黄河"几字弯"攻坚战和河西走廊—塔克拉玛干沙漠边缘阻击战；与陕甘宁

2023年8月，黄河"几字弯"攻坚战全面打响。内蒙古锲而不舍、持续发力，把祖国北疆这道万里绿色屏障构筑得更加牢固

三省（区）四地联合签署毛乌素沙地联防联治框架合作协议，形成协同治理的新格局。

草原、森林保护修复和林草产业发展齐头并进

内蒙古坚持把握重点、综合施治，着力强化草原、森林保护修复，森林和草原修复面积连续多年占全国修复面积的1/9左右。2015年全面停止天然林商业性采伐后，大兴安岭林区积极探索以生态保护建设为主体，以碳汇开发、林下经济、森林旅游等为补充的"1+N"产业格局。截至2023年底，内蒙古大兴安岭林区森林碳储量17.2亿吨，碳汇产品累计销售

统筹山水林田湖草沙系统治理，全面实施草原生态保护补助奖励政策，通过禁牧、休牧、轮牧，广袤草原得以"带薪休假""休养生息"。图为锡林郭勒盟乌珠穆沁草原

总额5600万元；2023年，碳汇产品销售总额突破2200万元。党的十八大以来，内蒙古深入落实草原生态保护补助奖励政策，在全国率先出台《内蒙古自治区草畜平衡和禁牧休牧条例》并完成基本草原划定和草原确权登记，划定基本草原7.31亿亩，每年3.8亿亩草原落实禁牧制度，5.9亿亩草原落实草畜平衡制度，470万农牧民从中受益。制定了森林草原湿地资源有偿使用、特许经营、损害赔偿等管理办法，有效促进自然资源资产保值增值。全民所有森林草原湿地资源资产所有权委托代理机制试点工作顺利通过国家验收。全区各地坚持生态产业化、产业生态化，林草产业发展取得积极成效。截至2023年底，全区共有各类林草企业1000多家、合作社590余家，国家林业产业示范园区2个，国家林下经济示范基地31个，国家森林康养基地2个，国家林业重点龙头企业16家，自治区林业产业化重点龙头企业59家，国家农民合作社示范社33家。据初步统计，2023年，内蒙古林草产业总产值为856亿元，较2022年增加253亿元。（此次林草产业总产值统计不包括秸秆饲料产值、青贮产值、燕麦等一年生饲草产值430亿元。）

持续深入打好污染防治攻坚战

内蒙古坚持精准治污、科学治污、依法治污，保持力度、延伸深度、拓宽广度，深入打好污染防治攻坚战，全力推动生态环境质量持续改善。

持续打好蓝天保卫战。持续强化大气面源污染治理，加强呼包鄂、乌海及周边地区大气污染联防联控，推进重点地区清洁取暖改造。在全区范围内采取企业应急减排措施，全区 9942 家企业制定了"一企一档"应急减排清单，基本实现涉气企业全覆盖。全面推行轻、重型汽车国六 b 排放标准，国家确定的机动车重点治理区域重型柴油货车远程在线系统安装率达 100%。累计完成"散乱污"企业排查整治 2202 家，火电机组超低排放改造 7629.4 万千瓦，钢铁超低排放改造 2220 万吨，焦化超低排放改造 1130 万吨。2023 年，全区空气质量优良天数比率 90.2%（扣除异常沙尘天气影响后），较 2015 年提高 4.0 个百分点，超出全国平均值 3.4 个百分点；$PM_{2.5}$ 平均浓度 23 微克 / 立方米，较 2015 年同比下降 36.1%，比全国平均值低 7 微克 / 立方米；重污染天数比率 0.2%，较 2015 年下降 0.5 个百分点，比全国平均值低 0.9 个百分点。

坚决打好碧水保卫战。紧紧围绕重点流域水生态环境质量改善这一核心，采取控源减排、深度治理、生态扩容等举措，坚决打好碧水保卫战。"十三五"以来，累计完成"一湖两海"及察汗淖尔治理项目 131 个，"一湖两海"水域面积保持在合理范围，呼伦湖、岱海成为国家水生态监测评价试点湖泊，乌梁素海湖心断面水质由劣 V 类提高至 Ⅳ 类，察汗淖尔生态环境呈向好态势。呼伦湖鸟类数量增加近万只，鱼类由治理前的 32 种增加至 39 种；岱海鸟类由治理前的 68 种增加到 98 种。2023 年，河湖水生态环境持续向好，434 个河湖全面建立健康档案，完成水土流失综合治理面积 1163 万亩。西辽河流域地下水水位总体保持稳定、局部有所回升，断流 20 年的西辽河干流连续 4 年实现"有水"目标，水头不断延伸。出台《内蒙古自治区湿地名录管理办法》，建成各类湿地公园 63 个。2013 年以来，累计建设城镇污水收集管网 0.93 万公里，改扩建城镇污水处理厂 88 座、新建 4 座，新建改造园区污水处理厂 72 座，推动全区 557 个入河排污口落实"三个一批"整治要求。全面完成全区 13 段 23.46 公里城市黑臭水体治理。

打好碧水保卫战，进一步强化黄河流域生态保护和高质量发展，推进"一湖两海"及察汗淖尔综合治理。图为察汗淖尔成为候鸟的"休息站"

深入打好净土保卫战。持续加大自然保护地和矿山环境保护治理力度，截至 2023 年 11 月，全区划定各类自然保护地 380 个，占全区总面积的 12.43%。2021 年以来，全区生产矿山生态修复面积始终大于采矿损毁面积，实现"新账不再欠、老账加快还"。2013 年以来，完成历史遗留废弃矿山治理 125.59 平方公里。全区受污染耕地安全利用率保持在 98% 以上，重点建设用地安全利用得到有效保障。与北京、天津、河北、山西 4 个省市建立华北地区危险废物联防联控联治合作机制。3 个城市（呼和浩特市、包头市、鄂尔多斯市）列入国家"十四五"时期"无废城市"建设名单。探索市场化运作模式，推进资源化利用，积极做好农村牧区垃圾、污水等治理工作。推进农村牧区"厕所革命"，加强农村牧区改厕工作。各盟市政府所在地公共机构实现垃圾分类全覆盖，5 个旗县（市、区）（兴安盟突泉县、包头市九原区、鄂尔多斯市伊金霍洛旗、兴安盟阿尔山市、阿拉善盟阿拉善左旗）入选全国农村生活垃圾分类和资源化利用示范县。持续推进化肥、农药使用减量化，全区农膜回收率达 80.3%，畜禽粪污综合利用率达 81.5%，农村牧区生活垃圾收运处置体系覆盖率达 71.43%、生活污水管控率达 34%。

全力推动绿色低碳高质量发展

内蒙古严格落实习近平总书记重要要求，完整、准确、全面贯彻新发展理念，坚定不移走以生态优先、绿色发展为导向的高质量发展新路子，积极稳妥推进碳达峰碳中和。

积极构建国土空间开发新格局。编制完成自治区、盟市、旗县（市、区）三级国土空间规划，划定生态保护红线面积59.69万平方公里，占全区总面积的一半以上。强化生态环境分区管控，制定《内蒙古自治区人民政府关于实施"三线一单"生态环境分区管控的意见》，12个盟市全部编制、发布生态环境准入清单，全面推动"三线一单"成果在项目准入、规划管理等领域应用。

知识链接

三线一单

"三线一单"是指以生态保护红线、环境质量底线、资源利用上线为基础，编制生态环境准入清单，力求用"线"管住空间布局、用"单"规范发展行为，构建生态环境分区管控体系的环境管理机制。

生态保护红线指在生态空间范围内具有特殊重要生态功能、必须强制性严格保护的区域；环境质量底线指结合环境质量现状和相关规划、功能区划要求，确定的分区域分阶段环境质量目标及相应的环境管控、污染物排放控制等要求；资源利用上线指以保障生态安全和改善环境质量为目的，结合自然资源开发管控，提出的分区域分阶段的资源开发利用总量、强度、效率等上线管控要求；生态环境准入清单则是指基于环境管控单元，统筹考虑"三线"的管控要求，提出的空间布局、污染物排放、环境风险、资源开发利用等方面禁止和限制的环境准入要求。

从落地应用层面来看，"三线一单"为区域内的资源开发、产业布局和结构调整、项目引进等提供了"绿色标尺"，促进产业发展与环境承载能力相结合，倒逼企业等主体走上高质量发展的绿色之路。

深入实施全面节约战略。在全国省级层面率先出台《关于深入贯彻习近平生态文明思想推进全社会资源全面节约集约的指导意见》，构建起以指导意见为主体，能源、土地、矿产等重点领域专项落实方案为配套的"1+N"政策体系。建立全国首个省级层面全社会资源节约集约利用评价指标体系，并配套出台实施办法，确定 7 个领域共 56 项可量化指标，为全区深入实施全面节约战略提供了科学依据，也为全国资源节约集约利用提供了"内蒙古经验"。截至 2023 年 12 月，全区累计创建绿色工厂 298 个、绿色园区 24 个、绿色供应链 26 个，打造绿色设计产品 92 个，绿色制造水平不断提高。全力推进批而未供、闲置土地"大起底"。2021 年 1 月—2024 年 3 月，全区消化批而未供土地 30.38 万亩，处置闲置土地

14.76 万亩。不断强化土地综合整治，做好经营土地这篇大文章。2021 年以来，实施增减挂钩项目总面积 11.2 万亩；签订跨省指标交易协议，涉及面积 2.32 万亩、资金 72.15 亿元；实施占补平衡项目总面积 52.97 万亩；完成新增耕地指标跨省交易总面积 2.26 万亩，交易金额 11.31 亿元：有效激活土地资源资产价值。不断优化矿产资源开发结构。全区矿山企业数量由 3169 家减至 2995 家，大中型矿山企业占比由 33.35% 提高到 42.30%。全面实施绿色勘查。自治区财政出资的地质勘查项目全部落实绿色勘查要求，最大程度减轻对生态环境

国家电投集团内蒙古公司南露天煤矿位于通辽市霍林郭勒市。近年来，该矿深入推进矿山生态环境综合治理，先后实施了地形重塑、供水系统、水土保持、土壤改良、植被重建及浇灌系统六大工程。图为南露天煤矿绿色矿山航拍图

的扰动，推动地质找矿突破与生态环境保护协调发展。先后出台《内蒙古自治区推进水资源节约集约利用总体方案》和《内蒙古自治区解决"大水漫灌"问题促进农业节水增效工作方案（2023—2025年）》等一系列文件。2014年以来，累计投入104亿元对大中型灌区实施现代化改造。大型灌区和重点中型灌区全部实现取水口在线计量，建成全区地下水灌区"以电折水"平台，农业用水有效计量体系逐步构建。2023年，全区万元国内生产总值用水量较2014年下降47%，万元工业增加值用水量下降70%。

持续加强碳市场管理和低碳城市、气候适应型城市等试点建设，积极推动能耗"双控"向碳排放"双控"转变。碳市场更加成熟，发电行业控排企业全国碳市场履约率99%以上（按履约量统计）。包头市、兴安盟阿尔山市成功入选国家首批林业碳汇试点市，全区林草碳汇工作由点到面逐步铺开。2023年，全区共开发林草碳汇项目17个，实现碳汇交易80.5万吨，交易金额2700多万元。

生物多样性保护和生态文明建设示范创建工作有序推进。建立生物多样性保护厅际联席会议制度，全面完成全区生态系统和植物多样性状况调查，恩格贝生态示范区修复治理入选国家2022年生物多样性保护优秀案例。成功创建13个国家生态文明建设示范区、10个"绿水青山就是金山银山"实践创新基地。

积极探索加快生态文明制度建设

内蒙古牢记习近平总书记嘱托，大胆先行先试，积极探索建立可持续的生态环境保护制度。2014 年，启动编制自然资源资产负债表、实行领导干部自然资源资产离任审计、建立生态环境损害责任终身追究制 3 项生态文明制度的改革创新试点工作。不断探索建立和完善生态补偿制度，自然资源资产保护制度，用能权、用水权、排污权、碳排放权、林权交易制度，生态建设和环境污染治理市场化机制，生态环境信息公开制度和公共参与制度。始终以最严格的制度、最严密的法治保护生态环境，以零容忍的态度从根本上解决生态环境领域突出问题。先后制定和修改自治区环境保护条例、基本草原保护条例、耕地保养条例、大青山国家级自然保护区条例、呼伦湖国家级自然保护区条例、森林法实施办法等地方性法规，出台《内蒙古自治区建设我国北方重要生态安全屏障促进条例》，坚持山水林田湖草沙一体化保护和系统治理，为建设祖国北疆万里绿色长城开出"法治良方"。2021 年 6 月，印发《关于构建现代环境治理体系的实施方案》，进一步细化了目标任务和政策措施，搭建起内蒙古现代环境治理体系的"四梁八柱"。

二、建设祖国北疆安全稳定屏障

内蒙古横跨"三北"、地近首都、内连八省区、外接俄蒙，有4200多公里边境线、36万平方公里边境管理区，守好"北大门"和建好"护城河"的责任极为重大、任务极其繁重。

（一）守好"北大门"，建好"护城河"

2014年1月26日，习近平总书记冒着零下30多摄氏度的严寒，顶风踏雪来到内蒙古军区边防某部，登上三角山哨所，亲切慰问戍边官兵，与官兵一同执勤站岗。习近平总书记要求大家坚守战斗岗位，履行光荣使命。他强调，为了祖国人民和平安宁，必须建设巩固的边防。2015年2月16日，习近平总书记又回信勉励官兵："希望同志们着力加强连队全面建设，推动强军目标在连队、在边防落地生根，为筑牢祖国北疆安全稳定屏障再立新功！"

2014年1月27日，习近平总书记来到锡林浩特市宝力根苏木（乡），同牧民们一起参加冬季那达慕。在传统的"五畜祈福"仪式上，习近平总书记按照蒙古族习俗，用无名指蘸上银碗盛着的鲜牛奶弹了三下，祝福来年风调雨顺，五畜兴旺，人民幸福安康。习近平总书记指出，要始终高举民族团结旗帜，坚持和发扬各民族心连心、手拉手的好传统，深入开展民族团结进步宣传教育，精心做好民族工作。

兴安边境管理支队阿尔山边境派出所联合驻地少工委开展"小石榴籽走边关"活动，来自阿尔山市的少先队员们在移民管理警察的带领下徒步巡边、参观研学，深入了解巡边、守边、固边工作

2018年，习近平总书记参加十三届全国人大一次会议内蒙古代表团审议时指出"扎实推进民族团结和边疆稳固"，强调"要有效防范化解债务风险，绷紧防范化解债务风险这根弦"。

2019年，习近平总书记在内蒙古考察时指出，"内蒙古是祖国的'北大门'、首都的'护城河'，维护国家安全和边疆安宁，筑牢祖国北疆安全稳定屏障，是你们的重大政治责任"。

2022年，习近平总书记参加十三届全国人大五次会议内蒙古代表团审议时指出，内蒙古是边疆民族地区，在维护民族团结和边疆安宁上担负着重大责任。要见微知著，增强忧患意识，提高战略思维，有效防范民族工作领域的各种风险隐患，切实筑牢祖国北疆安全稳定屏障。

2023 年，习近平总书记在内蒙古考察时指出，要以"时时放心不下"的责任感抓好安全生产，把制度完善起来，把责任落实下去，尽最大努力防范各类重大安全事故的发生，维护好人民群众生命财产安全。

（二）坚持守土尽责，把祖国北疆安全稳定屏障构筑得坚不可摧

党的十八大以来，内蒙古坚定不移贯彻总体国家安全观，全面落实国家安全责任制，加快推进国家安全体系和能力现代化建设，推进总体国家安全观宣传教育常态化长效化，增强全民国家安全意识，筑牢国家安全人民防线。充分发挥党政军警民合力强边固防优势，坚持稳边、固边、强边、安边、睦边、富边系统谋划、一体推进。深入推进社会治安综合治理，落实公共安全分级应对责任，建立大安全大应急框架，构建以预防为主的公共安全治理模式。祖国北疆安全稳定屏障日益稳固，人民群众安全感不断增强。

坚持党政军警民合力强边固防

内蒙古坚定不移推进稳边固边工作，持续建强"党委把方向、政府总协调、军队当骨干、警方抓治理、民众为基础"

的边防管控体系。深入推进平安边境建设，1旗2镇获评首批全国平安边境模范县市（乡镇）称号。深化党政军警民联勤协作，建立护边员调度和绩效考评制度，大幅提升护边员数量和补助标准，不断壮大群防群治力量，推动边境防控体系建设不断深化。持续加快"数字边境、智慧边境"建设，投入运行执法办案管理中心，率先推行跨境AGV无人驾驶通关查验模式，全力打造"雪城义警""警务助理""强边固防直通车"等警务品牌。探索推行草原110、戍边警务室、蒙古包哨所、"牧民哨兵"、红色堡垒户等举措，打造功能型联合党支部，夯实联防联控和双拥共建基础。内蒙古党政军警

坚持党政军警民合力强边固防，构建起稳边固边的"天罗地网"。图为阿拉善盟军警在边境巡逻

民携手并肩、勠力同心，筑起国家安全、社会稳定、边境安宁的"三道防线"。

深入推进固边兴边富民行动

内蒙古大力支持边境地区经济社会发展，沿边地区基本公共服务和重大基础设施保障水平不断提高，边境地区人口"空心化"及"水电路讯"不畅通等问题得到有力解决，吸引各族群众到边境地区置业安居、守边戍边。2023 年，自治区第十四届人民代表大会常务委员会第七次会议审议通过《内蒙古自治区促进边境地区高质量发展条例》，对内蒙古边境地区高质量发展作出机制体制上的安排，出台差异化扶持优待政策，对符合政策要求、带动作用强的产业和项目，从规划引导、项目安排、要素配置和财税扶持等方面给予重点支持，增强其高质量发展内生动力。将边境地区符合条件的基础设施建设项目优先纳入相关规划和计划，加强边境地区"水电路讯"军民共建共享基础设施建设。2022 年，自治区累计下达中央及自治区本级少数民族发展资金约 6.77 亿元，其中向 20 个边境旗县（市、区）下达约 2.95 亿元，占资金总额的 43.6%。2023 年，自治区累计下达中央及自治区本级少数民族发展资金 7.14 亿元，同比增长 5.5%。

积极构建社会治理新格局

内蒙古不断深化社会治理效能，全区 7 个盟市获评"全国市域社会治理现代化试点合格城市"。以市域社会治理现代化试点工作为牵引，建设人人有责、人人尽责、人人享有的社会治理共同体。通过完善网格化管理、精细化服务、信息化支撑的基层治理平台，构建以预防为主的公共安全治理模式，加强安全风

险监测预警体系和突发事件应急能力体系建设。不断加大对社会组织和市场主体参与社会治理的支持力度，完善志愿者服务激励、权益保障与救济机制，切实增强做好新时代见义勇为工作的责任感、使命感。

坚定不移推进平安内蒙古建设

内蒙古不断完善大平安体系，健全平安建设考评机制，制定行业部门平安建设权责清单，积极推进平安中国建设示范市县创建，因地制宜开展平安地区、平安行业、平安单位

创建活动。深入开展扫黑除恶专项斗争并推动扫黑除恶常态化，群众对社会治安的满意度不断提高。持续开展"獴猎"专项行动，有效提升打击妨害国（边）境管理违法犯罪能力，边境地区违法犯罪警情、八类案件、治安案件发生率均呈下降趋势。

不断加强社会矛盾风险源头防范治理

内蒙古坚持和发展新时代"枫桥经验"，制定"四下基层" 16条措施，推动党员干部进百姓门、访百姓情、解百姓忧。开展重大决策社会稳定风险评估创新提升行动，健全四级重大不稳定问题清单制度和台账管理体系，及时把矛盾纠纷化解在基层、化解在萌芽状态。深入实施《信访工作条例》，推动落实各级领导干部常态化接访、下访、包案、阅信机制，深入

《上访变下访 信访变信任——信访代办制在内蒙古各地见行见效》

📚 **知识链接**

四下基层

"四下基层"即宣传党的路线、方针、政策下基层，调查研究下基层，信访接待下基层，现场办公下基层。这是习近平总书记在福建宁德工作时大力倡导并身体力行的工作方法和工作制度。

开展全国"信访工作示范县"创建活动。在学习贯彻习近平新时代中国特色社会主义思想主题教育期间，全面推行信访代办制，各级领导干部共接访、下访3.47万人次，解决信访事项1.16万件，化解信访积案1.07万件，人民群众的满意度不断提高。

从严从实防范化解重点领域风险

党的十八大以来，内蒙古下好先手棋、打好主动仗，稳妥推进地方金融机构风险处置，有力有序防范化解地方债务风险，把有效防范各类重大安全事故等一系列工作做好做实，坚决守住不发生系统性风险的底线。

抓好政府债务化解和金融领域风险防范工作。过去一个时期，内蒙古一些地方不顾财政承受能力盲目铺摊子、上项目，沉迷于走高负债保增长的路子，积累了大量风险隐患。2017年以来，习近平总书记多次就内蒙古的政府债务问题作出重要指示，在关键时刻给我们打了"清醒剂"、踩了"急刹车"。内蒙古坚决贯彻习近平总书记重要指示精神和党中央决策部署，吸取教训、坚决整改，举一反三、综合施策，推进纠偏正向、固本培元，着力防范化解重点领域风险，妥善处置原包商银行、新时代信托风险，稳妥推进中小银行风险处置、资本补充，加强风险源头管控，整治各种金融乱象，完善金融风险应急处置机制，科学防范金融风险。坚持"减存遏增"，全力化解政府债务，落实一揽子化债方案，采取贴息一批、清零一批、退橙一批、纾困一批的有效措施，支持基层化债。压实各级政府偿债主体责任，在全国率先发行特殊再融资债券，多措并举筹集资金，全面清理偿还政府拖欠企业账款，实现台账内无分歧账款清零。同时，建立健全长效监管机制，清除隐性债务形成的土壤环境，切实织牢织密债务风险"防护网"。存量隐性债务规模大幅缩减，高风险地区数量持续减少，地方债务风险逐步缓释。

全力防范化解重大安全风险。出台实施防范遏制重特大事故 135 条硬措施和"三管三必须"若干规定，滚动进行 3 轮大排查大整治，深入开展重点领域专项整治和交叉互检。2023 年，生产安全事故起数和死亡人数同比分别下降

📚 **知识链接**

三管三必须

《中华人民共和国安全生产法》第三条规定，安全生产工作实行管行业必须管安全、管业务必须管安全、管生产经营必须管安全，强化和落实生产经营单位主体责任与政府监管责任，建立生产经营单位负责、职工参与、政府监管、行业自律和社会监督的机制。

2023 年 11 月 21 日，《内蒙古自治区"管行业必须管安全 管业务必须管安全 管生产经营必须管安全"若干规定》正

式施行。该规定明确了各级政府主要领导、分管领导安全生产职责和自治区政府领导班子成员安全生产工作任务。针对实际工作中存在的行业管理部门职责不清的问题，对44个自治区有关部门和中央驻区部门的安全生产职责进行了细化。按照"业务业态相近""谁主管谁牵头、谁为主谁牵头、谁靠近谁牵头"的原则，对校外培训机构、加气站、加氢站、户外露营基地、网红公路等部分职能交叉和新兴行业领域监管部门进行了明确，消除监管空白和责任盲区。对安全生产责任履行不到位的，要依规依纪依法严肃追责问责，确保安全生产工作各项部署要求落到实处。

22.8%、12.9%，比2019年分别下降51.7%、53%；森林草原火灾次数继续保持历史低位。2024年，启动实施安全生产治本攻坚三年行动，从零开始补课，抓牢抓实一线，突出重点领域和环节，严格落实各项制度和责任，坚决防范各类重大安全事故发生。

三、建设国家重要能源和战略资源基地

高质量建设国家重要能源和战略资源基地是内蒙古必须扛起的重大政治责任，对于实现碳达峰碳中和目标、推动经济高质量发展、扎实推进共同富裕具有重要战略意义。

（一）把现代能源经济这篇文章做好

2014 年，习近平总书记在内蒙古考察时指出，把资源型产业发展的重点放在资源转化增值上，改变简单的挖煤卖煤、挖土（稀土）卖土的粗放型资源开发模式；强调立足有色金属、装备制造、稀土产业等方面的基础和优势，形成具有旺盛活力和持续竞争力的新经济增长点。

2018 年，习近平总书记参加十三届全国人大一次会议内蒙古代表团审议时指出，内蒙古是国家重要能源和战略资源基地，要把现代能源经济这篇文章做好。

2019 年，习近平总书记参加十三届全国人大二次会议内蒙古代表团审议时指出，内蒙古实现高质量发展，要立足本地资源禀赋特点、体现本地优势和特色，不能简单同东部发达地区攀产业、比结构、赛速度。

2021 年，习近平总书记参加十三届全国人大四次会议内蒙古代表团审议时强调，要找准内蒙古在全国构建新发展格局中的定位，深入分析自己的优势领域和短板不足，进一步明确经济发展的重点产业和主攻方向，推动相关产业迈向高端化、智能化、绿色化，因地制宜发展战略性新兴产业和先进制造业，统筹推进基础设施建设。

2023 年 6 月 7 日，习近平总书记来到呼和浩特中环产业园考察，听取了发展新能源新材料产业、促进产业结构优化调整、推动绿色低碳发展等情况介绍，又到生产车间实地察看产品生产流程，详细了解园区企业半导体和光伏材料等产品的研发生产情况。习近平总书记强调，坚持绿色发展是必由之路。推动传统能源产业转型升级，大力发展绿色能源，做大做强国家重要能源基地，是内蒙古发展的重中之重。在这方面内蒙古方向明确、路子对头、前景很好，大有作为、大有前途。离开园区时，习近平总书记亲切地对前来欢送的企业员工说："你们企业和园区办得不错，看了感到很提气。

拥有全国领先硅材料研发制造基地的中环产业园以创建国家级半导体硅材料创新中心为目标，形成光伏端年产112GW单晶拉棒、45GW切片、2500吨电子级单晶硅生产能力，延伸"半导体硅材料"和"光伏硅材料"两条产业链。图为中环产业园生产的光伏单晶硅棒

现在，我们要靠高水平科技自立自强、构建新发展格局来攻克科技难关。"

（二）着眼培优增效，把国家重要能源和战略资源基地建设得势强劲足

党的十八大以来，内蒙古紧紧围绕建设国家重要能源和战略资源基地的战略定位，紧跟世界能源技术革命新趋势，优化调整能源产业结构，延伸能源产业链条，提高能源综合

内蒙古拥有全国 57% 的风能资源、超过 21% 的太阳能资源。曾经的内蒙古"羊煤土气"，今天的内蒙古"追风逐日"。图为位于呼和浩特市和林格尔新区的风电场

利用效率，加快构建多种能源协同互补、综合利用、集约高效的能源供给体系。加速形成多元发展、多极支撑的现代稀土产业体系。坚持因地制宜发展新质生产力，"追风逐日""绿电"赋能美丽中国建设，国家能源和战略资源基地建设步履铿锵，全力推动内蒙古由化石能源大区向清洁能源大区转变。

坚决保大局，有效维护国家能源安全

内蒙古煤炭探明储量居全国第一，产量占全国的 1/4、全球的 1/8，肩负着保障国家能源安全的使命任务。2012—2023年，内蒙古端稳"能源碗"，牢牢守住能源供应安全底线。12年来，全区累计生产煤炭超 123 亿吨、发电超 6 万亿千瓦时，外送煤炭、外送发电量连续多年领跑全国，为国家能源安全作出内蒙古贡献。2023 年，内蒙古能源经济多项指标在全国保持领先，煤炭产量 12.2 亿吨，完成 9.45 亿吨保供煤任务，占全国任务总量的 36%；电力总装机超过 2 亿千瓦，发电量7629.9 亿千瓦时，全年外送电量 3065 亿千瓦时。实现煤炭保供量及外送量、电力总装机及新增装机、新能源总装机及新增装机、总发电量及外送电量、新能源发电量、煤制气产能"十个全国第一"，取得能源重大项目及新能源装备制造项目投资突破 3000 亿元、新能源总装机规模突破 9000 万千瓦、电力总装机规模突破 2 亿千瓦"三个突破"。

党的十八大以来，内蒙古不断加大油气资源勘探开发和增储上产力度，高质量建设鄂尔多斯现代煤化工产业示范区和煤制油气战略基地。2023年，煤制气产能达到43亿立方米，居全国第一位；煤制气产量29亿立方米，同比增长6%。原油产量289万吨，同比增长17%。煤制油产量114万吨，同比增长3%。天然气产量319亿立方米，同比增长0.8%。原油、天然气生产实现连续稳定增长。天然气外送量占全国的1/6，为保障国家油气安全作出了积极贡献。

鄂尔多斯市多措并举，持续提升油气供给能力。图为长庆油田苏里格气田

坚持新理念，科学推进新能源发展

内蒙古风能、太阳能资源富集，是国家重要的清洁能源发展基地之一。风能资源技术可开发量 14.6 亿千瓦，约占全国可开发总量的 57%；太阳能资源技术可开发量 94 亿千瓦，约占全国可开发总量的 21%。发展新能源产业，既是内蒙古充分发挥资源优势的最优选择，也是全国能源一盘棋指导下的历史重任。2023 年，自治区党委、政府提出努力为国家提供更为稳定、更加安全、更加绿色的能源供给，在新能源领域再造一个"工业内蒙古"。

一手抓新能源开发建设，一手抓装备制造、运维服务等关联配套产业发展，以新能源带动新工业，努力形成集聚效应和规模效应。新能源装机实现跨越式增长。2023 年，新能源装机总规模达到 9323 万千瓦，占电力总装机的 43%；新能源发电量达到 1665 亿千瓦时，同比增长 25%，占总发电量的比重达到 22%。新能源产业由以发电为主体的投资结构向新能源装备制造全产业链延伸拓展。2023 年，新能源装备制造业增加值增长 11.4%，新能源制造业投资额较 2022 年增长 150%。风电整建制配套能力、光伏组件供给能力、制氢设备产能、储能装备生产能力分别达到 500 万千瓦、3000 万千瓦、450 台套、100 万千瓦时。电池片、光伏支架、光伏玻璃、工业硅、钙钛矿电池、异质结电池等光伏产业链空白环节已有投产项目；减速机、齿轮箱等风电产业链关键环节已有投产项目，轴承等空白环节已有拟建项目。

加快推进大型风电光伏基地、清洁高效先进煤电、特高压输变电线路"三位一体"建设。"十四五"期间，库布其中北部、库布其南部、腾格里、乌兰布和4个沙戈荒（沙漠、戈壁和荒漠）大型风电光伏基地项目获批，总规模4800万千瓦，占全国批复总规模的43%。目前，4个沙戈荒大型风电光伏基地正在加紧建设。已建成11条500千伏超高压、5条特高压输电通道，送电范围覆盖华北、东北、华东、西北地区。2023年，全区完成电网投资约277亿元，同比增长35%，新增220千伏及以上变电容量1275万千伏安、线路2288公里，推动网架结构更强、输送电能力更强。

充分利用新能源制氢成本低和应用场景丰富等优势，以燃料电池、电解水制氢系统为双核心，加快构建制氢、氢存储、氢运输、加氢站、氢燃料电池"五位一体"的氢能产业体系，积极推进氢能源产业提速、扩量、成链，加快构建集能源生产、装备制造、应用示范于一体的"风光氢储车"全链条产业生态圈。内蒙古已经成为全国风光制氢示范项目主要建设地区。2023年，绿氢产能达到2.3万吨，新型储能装机规模达到350万千瓦/700万千瓦时，全国首个万吨级光伏制氢示范项目在鄂尔多斯市准格尔旗建成，世界首条固态低压储氢生产线投运，开工建设全球最大的绿氢耦合煤化工项目，乌兰察布至燕山石化输氢管道项目纳入《石油天然气"全国一张网"建设实施方案》。

在全国率先实施一批零碳低碳园区、市场化并网新能源项目，制定工业园区绿电替代、全额自发自用新能源、风光制氢一体化等6类市场化新能源项目实施细则。在全国率先实施市场化新能源消纳项目，出台支持新能源和电网建设13条措施、支持新型储能发展若干政策、促进新能源消纳23条措施，全面完善促进新能源发展的政策体系，提高新能源整体消纳能力，推动新能源的大规模开发和高效利用。

2022年4月8日，全球首个零碳产业园——远景鄂尔多斯零碳产业园一期项目建成投产

坚持高质量，推动战略资源转化利用

作为一种稀缺的、不可再生的资源，稀土被称为"工业黄金"和"新材料之母"，是国家重要战略资源。包头市白云鄂博矿是全球最大的稀土矿，也是世界上少有的全稀土元素矿。

全力推动稀土资源保护性开发、高质化利用、规范化管理，稀土产业从无序走向有序、从分散走向集约、从低端走向高端。建成国内最完整的稀土产业链条和产业体系，稀土原材料就

不断提升稀土产业发展水平。图为包钢现代化稀土钢板生产流水线

地转化率达到 80% 以上；形成完备的稀土领域技术创新体系，稀土领域科技人员数量占全国的 1/3。全面提升稀土原材料生产能力、功能材料生产应用能力、创新研发能力、辐射带动能力。2023 年，稀土及其应用产业产值达到 850 亿元。包头稀土高新区永磁材料产能居全国第二，储氢、抛光材料产能居全国第一。北方稀土集团 10 万吨绿色冶炼升级改造项目开工建设，是目前全球单体规模最大、智能化绿色化水平最高的稀土冶炼项目。国内首台套可调压固态储氢系统示范装置

全力推动稀土产业向宽领域、高端化迈进。图为国家稀土功能材料创新中心研发的全国首台套可调压固态储氢系统示范装置

在内蒙古正式投运，为我国稀土储氢领域开辟了新的技术路径，有望大幅提升氢能储运的经济性和安全性。2024 年 3 月，由鄂尔多斯市国盛利华制氢设备有限公司自主研发、设计、生产的模块化紧凑型低功耗电解水制氢系统装载完毕，将出口美国。内蒙古首套制氢系统走出国门，标志着内蒙古在新能源和清洁能源技术方面取得了显著成效，并成功将这一技术推向国际市场。

内蒙古在全国最大的稀土新材料基地和全球领先的稀土应用基地建设上迈出坚实步伐，正在以前所未有的力度、前所未有的速度推动稀土产业真正从"挖土卖土"走向"点土成金"、从"世界级储量"走向"世界级产业"。

四、建设国家重要农畜产品生产基地

内蒙古是全国 5 个耕地保有量过亿亩的省区之一，也是国际公认的优质畜牧区、黄金奶源带。高质量建设国家重要农畜产品生产基地，是习近平总书记赋予内蒙古的使命任务。

（一）推动农牧业高质量发展

2014 年，习近平总书记在内蒙古考察时强调，要加快传统畜牧业向现代畜牧业转变步伐，探索一些好办法，帮助农牧民更多分享产业利润效益，真正同龙头企业等经营主体形成利益共同体。

2019 年，习近平总书记在内蒙古考察时，要求我们"推动农牧业发展向优质高效转型"，"坚持宜粮则粮、宜牧则牧、宜林则林，不断优化农牧业区域布局和生产结构，建设若干特色农畜产品产业带"。

2021 年，习近平总书记参加十三届全国人大四次会议内蒙古代表团审议时指出，要发展优势特色产业，发展适度规模经营，促进农牧业产业化、品牌化，并同发展文化旅游、乡村旅游结合起来，增加农牧民收入。

2023 年，习近平总书记在内蒙古考察时强调，要发挥好农牧业优势，从土地、科技、种源、水、草等方面入手，稳步优化农牧业区域布局和生产结构，推动农牧业转型发展，大力发展生态农牧业，抓好农畜产品精深加工和绿色有机品牌打造，促进一二三产业融合发展，推动农牧业高质量发展。

（二）着力提质增量，把国家重要农畜产品生产基地建设得量大质优

党的十八大以来，内蒙古聚焦"扩大数量、提高质量、增加产量"，以稳定、安全、绿色为核心，全面落实藏粮于地、藏粮于技战略。优化农作物种植结构，高质量推进高标准农田建设，加大黑土地保护和利用力度，科学合理利用水资源，着力发展现代农牧业。内蒙古作为全国重要的农畜产品生产基地，羊肉、牛肉、牛奶、羊绒产量均居全国第一，为全国

贡献了约 1/5 的羊肉、1/10 的牛肉、1/5 的牛奶和 1/2 的羊绒。每年有一半以上的粮食调往区外、供应全国，每年稳定向区外调出 500 万吨以上牛奶、150 万吨以上肉类，是国家名副其实的"粮仓""肉库""奶罐"，为保障国家粮食安全、丰盛"中国碗"作出了贡献。

农牧业基础保障越来越实

近年来，内蒙古坚持深耕高标准农田建设、黑土地保护、盐碱地改良"一块田两块地"，累计建成高标准农田 5237 万亩，有效支撑粮食产能 500 亿斤左右。以滴灌为主的高效节水灌溉应用面积超 3403 万亩，主要作物水肥一体化应用面积达到 2787 万亩。建成单产提升示范区 545 万亩，带动全区"吨粮田"达到 800 万亩；总结推广 27 种主要作物单产提升典型模式，

2023年主要粮油作物主推技术应用面积近4300万亩。通过单产提升行动，带动全区粮食作物平均单产提高1个百分点，将"试验田"产量转化成"大田"产量。高度重视实施黑土地保护性耕作。2023年，实施黑土地保护性耕作面积1936.4万亩，超额完成农业农村部下达的1920万亩年度目标任务。据统计，2020—2023年，落实中央财政作业补助资金20.5亿元，在东部4个盟市34个旗县（市、区）累计实施黑土地保护性耕作5289.8万亩次，连续4年超额完成农业农村部下达的任务面积。盐碱化耕地面积2235万亩，占全区耕地总面积

赤峰市敖汉旗不断丰富敖汉小米产品内涵，建设农业文化遗产传统品种保护基地，擦亮"世界小米之乡"的历史名片。产品畅销全国700余个市县区，远销日本、韩国及东南亚。图为赤峰市敖汉旗梯田

的 12.95%。2020—2022 年，投资 3.65 亿元，连续 3 年在"三大灌区"的 6 个旗县开展盐碱化耕地改良试点，面积 12.2 万亩。内蒙古被纳入国家盐碱地等耕地后备资源综合利用试点范围。全区形成了 9 套分区域、分作物，可复制、可推广的技术模式，制定了 11 项耐盐碱作物（牧草）高产栽培、土壤改良等地方标准，筛选出 13 个适宜不同区域的耐盐碱作物品种。通过试点示范，探索总结出适宜全区盐碱化耕地综合利用的可复制、可推广的工作模式，为全区乃至全国提供了示范样板。粮食产量自 2018 年突破 700 亿斤后保持稳定增长态势，2021 年、2022 年、2023 年连续 3 年稳定在 750 亿斤以上，居全国第六位。2023 年，全区粮食播种面积 1.04 亿亩，较 2022 年增加 49 万亩。粮食总产量再创新高，达到 791.6 亿斤；主要粮食作物平均单产比 2012 年增加 159 斤／亩，达到 755.5 斤／亩；总产、单产增幅均居全国前列。粮食生产实现"二十连丰"，呈现面积、总产、单产"三增"的良好态势。

农牧业发展韧性越来越强

内蒙古聚焦玉米、奶业、肉牛、肉羊、羊绒、马铃薯、饲草重点产业链，推进产加销、贸工农一体化发展，抓好农畜产品精深加工和绿色有机品牌打造，着力"延链、补链、强链"，用链式思维、工业化思维锻造绿色低碳农牧业产业链。打造形成奶业、玉米、肉羊 3 个千亿级和肉牛、马铃薯、葵花子等百亿级产业集群。2023 年，全区共有国家级农业产业化重点龙头企业 59 家、自治区级农牧业产业化重点龙头企业 711 家，创建农牧业产业化联合体 500 多家。全区规模以上农畜产品加工业实现营业收入 4500 亿元，主要农畜产品加工转化率达到 72% 以上。伊利、蒙牛双双闯进全球乳业 10 强，

　　"蒙"字标认证创建了"五大体系"，即标准体系、认证体系、产业体系、质量管控体系、综合服务体系，以"高标准＋严认证＋强监管＋优服务"的模式，努力实现"五大价值"，即建设国家重要农畜产品生产基地、助力脱贫攻坚和乡村振兴、推进农牧业供给侧结构性改革、扶优打假培育区域品牌、实现市场监管方式现代化

分别位列第五和第八。奶牛存栏量、奶产量稳居全国首位，奶产业产值突破 2000 亿元。

近年来，围绕畜禽、粮油、蔬菜、水果等特色产业，积极谋划培育出一批产业规模大、生产方式新、品牌特色浓、带动效益高的全国名特优新农畜产品，使之成为实施乡村振兴战略的新支撑、农牧业高质量发展的新亮点。截至 2023 年底，共有 668 个优质特色农畜产品被列入"全国名特优新农产品名录"，数量居全国第一位。新认证绿色食品 319 个，产量 44.46 万吨；有机农产品 342 个，产量 304.88 万吨。农畜产品质量安全合格率连续 5 年保持在 97% 以上。

生态农牧业发展越来越好

近年来，内蒙古从推广节水农业、落实草原禁牧休牧和草畜平衡制度、发展农畜产品精深加工和打造绿色有机品牌等方面入手，大力发展生态农牧业。为保障农牧业绿色发展，持续推进农业"四控"行动，实施农业统防统治面积 5718 万亩、绿色防控面积 5622 万亩，化肥、农药使用量保持负增长。地膜、秸秆回收利用水平不断提升，2023 年推广使用加厚高强度地膜面积 659 万亩、全生物降解地膜面积 119 万亩，秸秆综合利用率达到 91.2%；畜禽粪污综合利用率达到 82%。全面推进落实工程、农艺、品种、结构、机制"五节"措施。2016—2022 年，亩均用水量由 305 立方米下降到 214 立方米，

2023 年末，内蒙古设施农业总面积达到 234 万亩，为全区提供了 550 多万吨蔬菜。图为现代化设施农业育种大棚

农田灌溉水有效利用系数由 0.532 提高到 0.574。2023 年，实现农业节水 3.73 亿立方米，农田灌溉水有效利用系数首次高于全国平均水平。

五、打造我国向北开放重要桥头堡

内蒙古区位优势得天独厚，历史上是中蒙俄"万里茶道"的重要枢纽及通道，现在是中蒙俄经济走廊的重要节点、国家西部陆海新通道的重要门户。把内蒙古打造成为我国向北开放重要桥头堡，是习近平总书记站在统筹国内国际两个大局的高度为内蒙古量身定制的战略定位之一，也是内蒙古推动更高水平对外开放并以高水平开放促进高质量发展的现实需要。

（一）在联通国内国际双循环中发挥更大作用

2014年，习近平总书记考察内蒙古时强调，要通过扩大开放促进改革发展，发展口岸经济，加强基础设施建设，完善同俄罗斯、蒙古合作机制，深化各领域合作，把内蒙古建成我国向北开放的重要桥头堡。

2018年，习近平总书记参加十三届全国人大一次会议内蒙古代表团审议时指出，从满洲里、二连浩特出入境的中欧班列多数都是"酒肉穿肠过"，区位优势还没有转化为开放优势、发展优势，国家向北开放重要桥头堡的作用还没有发挥出来。

2019年，习近平总书记在内蒙古考察时指出，"内蒙古地处内陆，经济外向度不高，只有全方位融入国内国际大市场，才能实现借力发展"。内蒙古要"形成联通内外、辐射周边，资源集聚集散、要素融汇融通的全域开放平台"，"依托18个对外开放口岸，发展加工制造、商贸物流、数字经济等产业，办好中蒙博览会，并主动融入共建'一带一路'。要吸引更多资本、技术、人才纷至沓来，推动更多'蒙字号'优质产品走向全国、走向世界"。

2021 年，习近平总书记参加十三届全国人大四次会议内蒙古代表团审议时强调，要深化改革开放，优化营商环境，积极参与共建"一带一路"，以高水平开放促进高质量发展。

2023 年，习近平总书记在内蒙古考察时进一步强调，要积极参与共建"一带一路"和中蒙俄经济走廊建设，提升对外开放水平，构筑我国向北开放的重要桥头堡，在联通国内国际双循环中发挥更大作用。要加强与京津冀、长三角、粤港澳大湾区和东三省的联通，更好融入国内国际双循环。

（二）坚持登高望远，把国家向北开放重要桥头堡打造得巍然蓬勃

党的十八大以来，内蒙古坚决扛起建设我国向北开放重要桥头堡的重大责任，以共建"一带一路"国家为重点，推动全方位、宽领域、多层次对外开放，加强口岸建设和开放大通道建设，大力发展开放型经济和泛口岸经济，切实优化营商环境，推进招商引资，积极扩大人文领域国际合作交流，不断深化国内区域协作互动。联通内外的"交通网"越织越密，区域协作的"关系网"越扩越大，"一带一路"上的"朋友圈"越来越广，国内大循环的重要节点和国内国际双循环的战略支点正在加速形成。

进出口质、量实现双提升

党的十八大以来，内蒙古对外贸易不断取得新进展，外贸进出口总值在 2018 年突破千亿元大关的基础上快速增长。2023 年，全区外贸进出口总值 1965.3 亿元，创历史新高，同比增长 30.4%，高于全国外贸进出口总值增速 30.2 个百分点，在全国各省区市中位列第三，是 2012 年 710.6 亿元的 2.8 倍。其中，出口 785.7 亿元，同比增长 28.1%；进口 1179.6 亿元，同比增长 32%。

2023 年，全区机电产品出口值 292.2 亿元，同比增长 118.9%，占同期全区出口值的 37.2%。"新三样"产品（电动载人汽车、锂离子蓄电池及太阳能电池）出口值 23.8 亿元，同比增长 48.1 倍。能源、金属矿砂、粮食等大宗商品进口值 936.2 亿元，同比增长 48.7%，占同期全区进口值的 79.4%。其中，能源产品进口值 507.6 亿元，同比增长 75.1%；金属矿砂进口值 420.7 亿元，同比增长 25.6%。3 个综合保税区累计进出口总值 283.2 亿元，同比增长 122.1%，拉动全区外贸增长 10.3 个百分点。跨境电商进出口总值 45.6 亿元，同比增长 261.8%。

面对世界经济复苏缓慢、全球跨国投资乏力等形势，内蒙古持续优化投资环境，加大引资力度，实际利用区外资金规模逆势增长。2012 年以来，累计引进国内（区外）到位资金超 3 万亿元，与 180 多个国家和地区建立了经贸合作关系。2023 年，全区引进 500 万元以上项目 3956 个，45 个世界 500 强和 22 个中国 500 强企业在内蒙古投资兴业；引进国内到位资金 4778 亿元，同比增长 40.2%；实际使用外资 55.8 亿元，同比增长 61.5%。新设外商投资企业 167 家，同比增长 320%；实际使用外资实现"七连增"，连续两年保持

内蒙古对内对外开放基本格局示意图

50% 以上增幅；新增对外投资项目 72 个，同比增加 48 个，同比增长 200%。中方协议投资额 65 亿元，对外实际投资额 65.5 亿元，位列全国第十七。涉外收支总额增长较快，银行代客涉外收付款总额 537.5 亿美元，首次超过 500 亿美元，同比增长 43.3%，增速居全国第三位。跨境人民币收付金额 2584.2 亿元，增长 99.8%，跨境人民币收付金额创 2010 年政策实施以来最好水平。

大力推进双边、多边、区域合作

内蒙古发挥向北开放的地缘优势，积极融入"一带一路"建设。据呼和浩特海关统计，2013 年 1 月至 2023 年 6 月，内蒙古对共建"一带一路"国家外贸进出口总值 6902.1 亿元，占同期外贸进出口总值的 62.9%。其中，出口值 2341.8 亿元，进口值 4560.3 亿元。2023 年，全区对共建"一带一路"国家进出口总值 1522.1 亿元，同比增长 40.9%，占同期进出口总值的 77.4%，提升 5.7 个百分点。其中，出口值 538.4 亿元，同比增长 38.2%；进口值 983.7 亿元，同比增长 42.5%。对蒙古国进出口总值 699 亿元，同比增长 50.7%；对俄罗斯进出口总值 346.6 亿元，同比增长 77.3%。

大力建设满洲里和二连浩特等重点开发开放试验区、国家跨境电子商务综合试验区、综合保税区、国际陆港区、边境（跨境）经济合作区等平台，提升开放平台功能，大力推进双边、多边、区域合作。积极融入京津冀协同发展，与天津、河北、辽宁等省市开展港口资源共享和内陆港合作。同时，加强与长三角、粤港澳大湾区等区域互惠合作，增强承接国内产业链转移和整合境外产业链能力，与兄弟省市对口合作共建园区，提高资源区内加工转化率，形成对俄蒙合作产业集聚态势，让"通道经济"转变为"落地经济"。2023年，进出境中欧班列8324列，同比增长12.6%，占全国近半数，进出口货物覆盖21个省区市。

不断深化与蒙古国、俄罗斯在农牧业、能源矿产、基础

2023年9月，第四届中国—蒙古国博览会在呼和浩特市举行，来自35个国家和地区、全国27个省区市的3000多家企业参展，创历届之最。图为博览会现场

设施、生态环保等领域的合作。2015 年以来，举办了 4 届中蒙博览会，成功打造了双边经贸合作品牌；参加中国国际进口博览会、东盟博览会、东北亚博览会、中日经济合作会议等国家级重点展洽会，不断拓展国际贸易新空间。2023 年，积极开展"蒙商丝路行"海外经贸活动，组织企业赴阿联酋、沙特阿拉伯、蒙古国、俄罗斯等 20 个国家和地区开展经贸交流，达成贸易与投资合作协议总金额超 332 亿元。

经济通道作用显著发挥

内蒙古现有经国务院批准的对外开放口岸 20 个，其中陆路口岸 14 个，承担了 90% 以上的中蒙陆路运输任务、65% 以上的中俄陆路运输任务，接卸了国家约 15% 的进口煤炭、9% 的进口化肥、6% 的进口铜矿砂。全区边境陆路口岸货运量居全国首位，为国家经济通道建设作出了重要贡献。以中蒙俄经济走廊建设为重点，深度参与跨国产业分工与合作，推动形成口岸带动、腹地支撑、边腹互动的口岸发展新格局，发挥口岸带动地区经济发展、更好服务国家对外开放战略的作用。2023 年，煤炭、木材、铁矿石、铜精矿 4 类主要进口商品落地加工比例大幅提升，分别达到 43.3%、20%、39%、65%。近年来，重点支持满洲里、二连浩特等综合枢纽口岸基础设施、配套设施建设和智能化改造，加快推进甘其毛都、策克、满都拉等重点专业口岸扩能改造。集二线二连站扩能改造、公路口岸矿产品专用通道建设、集装箱吊装场建设等项目相继完成并投入使用，提升了口岸通关能力和货运效率。截至 2023 年 12 月，过境二连浩特中欧班列线路 69 条，国内始发地遍布 60 多个城市，辐射 10 多个国家的 60 多个城市；过境满洲里中欧班列线路 57 条，国内始发地遍布 60 多个城市，辐射 13 个国家的 28 个城市。为国内国际双循环提供了有力支撑。2023 年，全区口岸货运量 1.078 亿吨，是 2012 年 6250 万吨的 1.7 倍，刷新了历史纪录，内蒙古成为我国首个沿边陆路口岸货运量破亿吨的省区。

甘其毛都口岸是内蒙古过货量最大的公路口岸，是内蒙古西部重要的对蒙开放贸易通道和连接欧亚大陆的重要纽带。该口岸毅腾国际物流园区首创 AGV 无人驾驶跨境运输模式，构建了"绿色、智能、高效、安全"的中蒙矿能通道，有力提升了口岸综合过货能力。左图为甘其毛都口岸，右图为 AGV 无人驾驶车

在新时代继续保持
模范自治区的崇高荣誉

内蒙古作为我们党领导下成立的第一个省级民族自治区，在促进民族团结上具有光荣传统、积累了宝贵经验，长期以来拥有模范自治区的崇高荣誉。全区各族干部群众始终心向党、感党恩、听党话、跟党走，形成了识大体、顾大局、讲风格、求奉献、有担当的宝贵品质。习近平总书记对内蒙古民族工作、民族团结进步事业高度重视并寄予厚望。内蒙古自治区党委以铸牢中华民族共同体意识为主线，作出"全方位建设模范自治区"的决定，率领全区各族人民紧跟习近平总书记奋进新征程，让模范自治区的崇高荣誉永放光彩。

一、习近平总书记嘱托内蒙古铸牢中华民族共同体意识，在新时代继续保持模范自治区的崇高荣誉

2014 年，习近平总书记在内蒙古考察时指出，希望内蒙古各族干部群众守望相助。守，就是守好家门，守好祖国边疆，守好内蒙古少数民族美好的精神家园；望，就是登高望远，规划事业、谋求发展要跳出当地、跳出自然条件限制、跳出

内蒙古，有宽广的世界眼光，有大局意识；相助，就是各族干部群众要牢固树立平等团结互助和谐的思想，各族人民拧成一股绳，共同守卫祖国边疆，共同创造美好生活。

2019年，习近平总书记在内蒙古考察时指出，内蒙古是我国民族区域自治制度的发源地，具有民族团结的光荣传统。希望内蒙古的同志高举各民族大团结旗帜，全面贯彻党的民族政策，深化民族团结进步教育，践行守望相助理念，铸牢中华民族共同体意识，把各族人民紧紧团结在党的周围，共同守卫祖国边疆，共同创造美好生活，在新时代继续保持模范自治区的崇高荣誉！

2020年，习近平总书记参加十三届全国人大三次会议内蒙古代表团审议时指出："内蒙古自治区是我国最早成立的民族自治区。希望你们坚持和完善民族区域自治制度，加强各民族交往交流交融，加快民族地区经济社会发展步伐，继续在促进各民族团结进步上走在前列。"

2021年，习近平总书记参加十三届全国人大四次会议内蒙古代表团审议时指出，内蒙古作为我国最早成立的民族自治区，在促进民族团结上具有光荣传统，长期以来拥有"模范自治区"的崇高荣誉，要倍加珍惜、继续保持。要围绕共同团结奋斗、共同繁荣发展，牢记汉族离不开少数民族、少数民族离不开汉族、各少数民族之间也相互离不开，在促进民族团结方面把工作做细做实，增强各族群众对伟大祖国、中华民族、中华文化、中国共产党、中国特色社会主义的认同。

2022年，习近平总书记参加十三届全国人大五次会议内蒙古代表团审议时专门就铸牢中华民族共同体意识、促进民族团结作出重要论断，指出"民族团结是我国各族人民的生命线"，"中华民族共同体意识是民族团结之本"，"铸牢中华民族共同体意识，既要做看得见、摸得着的工作，也要做大量'润物细无声'的事情"。习近平总书记要求各族干部全面理解和贯彻党的民族理论和民族政策，自觉从党和国家工作大局、从中华民族整体利益的高度想问题、作决策、抓工作；强调要把铸牢中华民族共同体意识的工作要求贯彻落实到全区历史文化宣传教育、公共文化设施建设、城市标志性建筑建设、旅游景观陈列等相关方面，正确处理中华文化和本民族文化的关系，为铸牢中华民族共同体意识夯实思想文化基础。

2023年，习近平总书记在内蒙古考察时首次提出，铸牢中华民族共同体意识是新时代党的民族工作的主线，也是民族地区各项工作的主线。民族地区的经济建设、政治建设、文化建设、社会建设、生态文明建设和党的建设等，都要紧紧围绕、毫不偏离这条主线。在全面建设社会主义现代化国家开局起步的关键时期，习近平总书记又把铸牢中华民族共同体意识上升为"民族地区各项工作的主线"，赋予了民族地区新的使命。

二、守望相助，团结奋斗，全方位建设模范自治区

习近平总书记审古今之变、察时代之势，高瞻远瞩，作出关于铸牢中华民族共同体意识的重要论断，为我们做好新时代党的民族工作指明了方向，为我们在新时代继续保持崇高荣誉、全方位建设模范自治区提供了科学指引和根本遵循。2023 年 7 月，《内蒙古自治区党委关于全方位建设模范自治区的决定》经中国共产党内蒙古自治区第十一届委员会第六次全体会议审议通过，提出要在感党恩听党话、紧跟习近平总书记奋进新征程上作模范，在铸牢中华民族共同体意识上作模范，在民族地区推进中国式现代化建设中作模范，在边疆民族地区走向共同富裕的道路上作模范，在兴边稳边固边上作模范，在边疆地区联通国内国际双循环上作模范，在弘扬新风正气上作模范，并作出具体部署、提出明确要求。

《内蒙古自治区党委关于全方位建设模范自治区的决定》

在感党恩听党话、紧跟习近平总书记奋进新征程上作模范。在革命、建设、改革各个历史时期，不论面临多少困难和挑战，内蒙古各族人民都丝毫没有动摇对党的热爱和忠诚。

正是因为始终听党的话，内蒙古才有了今天的大好发展局面，各族人民才有了今天的幸福美好生活。2023年以来，自治区党委以学习贯彻习近平新时代中国特色社会主义思想主题教育为统领，以铸牢中华民族共同体意识为主线，以农村牧区和城镇社区为重点，组织开展"感党恩、听党话、跟党走"群众教育实践活动，取得了重大成效。针对机关企事业单位、农村牧区、城镇社区等不同领域受众特点，组建8611支分众化宣讲队伍，把党的创新理论送到边疆一线、带到林海草原、讲到农牧民心里，让党的创新理论"飞入寻常百姓家"，传到"草原最深处"。采用编印辅导读本，组建"暖心服务小分队"，开展"小手拉大手""感恩故事大家讲""找找老照片、谈谈新变化"等丰富多彩的活动，深入基层一线面对面和群众唠家常、算细账、聊变化，让各族群众对"六句话的事实和道理"共理更共情、入脑更入心。坚持边教育边实践，边讲道理边解决问题，用心用情解决好老百姓关心关注、急难愁盼的现实问题。有力激发广大党员干事创业、担当作为的热情，引领感召各族群众在牢记昨天、珍爱今天、憧憬明天中团结奋斗当好"主人翁"，在知党恩、念党好、信党能中坚定不移感党恩、听党话、跟党走。

在铸牢中华民族共同体意识上作模范。内蒙古要求广大党员干部特别是各级领导干部切实提高政治站位，从坚定拥护"两个确立"、坚决做到"两个维护"的高度，从推进强国建设、实现民族复兴的高度，从办好习近平总书记交给内蒙古的五大任务和全方位建设模范自治区两件大事的高度，从实现闯新路、进中游目标的高度来把握这条主线，贯彻这条主线。始终做到想任何问题、作任何决策、干任何工作都紧紧围绕这条主线。2023年底，自治区党委制定出台《关于全面贯彻铸牢中华民族共同体意识主线的若干措施》，明确责任、健全机制，有形有感有效地把铸牢中华民族共同意识落实到经济建设、政治建设、文化建设、社会建设、生态文明建设和党的建设等各项工作中，使铸牢中华民族共同体意识成

《关于全面贯彻铸牢中华民族共同体意识主线的若干措施》

为全区各族干部群众的行为准则和日常习惯。2023年以来，内蒙古以习近平文化思想为根本遵循和指引，系统集成这片土地上的红色文化、草原文化、农耕文化、黄河文化和长城文化等各种优秀文化，着力打造以守望相助、各民族交往交流交融、蒙古马精神、"三北精神"和铸牢中华民族共同体意识为基本内容的北疆文化品牌，各民族人心凝聚、团结奋斗的精神纽带越系越牢。

在民族地区推进中国式现代化建设中作模范。内蒙古自

觉把工作置于党和国家工作大局中来审视和谋划，把发挥地区比较优势与服务保障国家发展大局紧密结合起来，牢牢把握习近平总书记要求内蒙古"闯出新路"的战略目标，下大气力破解制约高质量发展的堵点问题，着力扭转产业"四多四少"状况，加快构建多元发展、多极支撑的现代化产业体系。

在边疆民族地区走向共同富裕的道路上作模范。在党中央的亲切关怀和大力支持下，经过 70 余年的奋斗，内蒙古经济社会发生了翻天覆地的变化。内蒙古深入践行以人民为中心的发展思想，坚持在发展中保障和改善民生，聚焦教育、医疗、养老、收入分配等重点环节，解决好群众的急难愁盼问题，采取有效措施补齐民生短板，增进民生福祉。但与人民群众对美好生活的期盼相比，我们在公共服务等方面的欠账还比较多，城乡居民收入与全国平均水平相比还有差距。自治区党委、政府明确提出，对标对表全国民生保障标准，低于国家标准的要提上来，已经达到或者高于的要建立稳定的自然增长机制，不断把高质量发展的成果转化为各族群众的高品质生活，让各族人民实实在在感受到推进共同富裕在行动、在身边。

在兴边稳边固边上作模范。内蒙古坚定不移贯彻总体国家安全观，加快推进国家安全体系和能力现代化建设，积极巩固党政军警民合力强边固防工作格局，坚持强边、安边、固边、富边、睦边一体推进，加快推进水电路讯等基础设施军地一体化建设，着力提升基层治理体系和治理能力现代化水平，促进边境繁荣发展、边民团结幸福、边防安全稳固。2024 年，内蒙古将聚焦解决边境地区"空心化"问题，综合施策，吸引更多人到边境地区置业安居、守边戍边，确保民族团结和边疆安全。

在边疆地区联通国内国际双循环上作模范。内蒙古不断推进思想大解放和观念大更新，全面优化营商环境，主动服务国家对外开放战略，不断深化国际交流合作和国内区域合作，着力提升开放层次和水平，努力打造联通内外、辐射周边，资源集聚集散、要素融汇融通的全域开放平台，在联通国内国际双循环中发挥更大作用。

在弘扬新风正气上作模范。内蒙古深化落实全面从严治党战略部署，大兴务实之风，弘扬清廉之风，养成俭朴之风，传承弘扬党的优良传统和作风，全面树立和展示内蒙古的良好形象。在学习贯彻习近平新时代中国特色社会主义思想主题教育中抓实以学正风，以上率下解决"三多三少三慢"

解决"三多三少三慢"问题

会议多　活动多　外出多

调研报告少　工作思路少　解决实际问题少

决策慢　行动慢　结果慢

针对"三多三少三慢"问题
着力在规范、精减、提速上下功夫

问题，开展"优化职能职责、优化工作流程"和"提标、提速、提效"专项行动，精减规范苏木乡镇（街道）、嘎查村（社区）职能职责，切实为基层减负松绑。2022 年、2023 年连续两年评选"担当作为好干部"，全区上下干事创业的劲头更足、效率更高。

习近平总书记
为内蒙古经济发展"把脉开方"

党的十八大以来，习近平总书记 3 次赴内蒙古考察、5 次参加十三届全国人民代表大会内蒙古代表团审议，始终以转型发展的眼光谋划内蒙古经济发展，留下许多饱含真情、思想深刻的金句，为内蒙古经济高质量发展指明方向。

一、习近平总书记关于内蒙古经济高质量发展的重要指示

2014 年，习近平总书记在内蒙古考察时指出，内蒙古"经济发展方式不合理，集中的体现就是产业结构不合理，传统产业多、新兴产业少，低端产业多、高端产业少，资源型产业多、高附加值产业少，劳动密集型产业多、资本科技密集型产业少"。要着力在推动转方式同调整优化产业结构相结合、同延长资源型产业链相结合、同创新驱动发展相结合、同节能减排相结合、同全面深化改革开放相结合上下功夫。

2018 年，习近平总书记参加十三届全国人大一次会议内蒙古代表团审议时指出，推动经济高质量发展，要把重点放

69

在推动产业结构转型升级上，把实体经济做实做强做优。要立足优势、挖掘潜力、扬长补短，努力改变传统产业多新兴产业少、低端产业多高端产业少、资源型产业多高附加值产业少、劳动密集型产业多资本科技密集型产业少的状况，构建多元发展、多极支撑的现代产业新体系，形成优势突出、结构合理、创新驱动、区域协调、城乡一体的发展新格局。要把现代能源经济这篇文章做好，紧跟世界能源技术革命新趋势，延长产业链条，提高能源资源综合利用效率。要大力培育新产业、新动能、新增长极，发展现代装备制造业，发展新材料、生物医药、电子信息、节能环保等新兴产业，发展现代服务业，发展军民融合产业，补足基础设施欠账，发挥国家向北开放重要桥头堡作用，优化资源要素配置和生产力空间布局，走集中集聚集约发展的路子，形成有竞争力的增长极。

2019 年，习近平总书记在内蒙古考察时，叮嘱我们"下决心把结构调过来、动能转过来、质量提上来"。

2021 年，习近平总书记参加十三届全国人大四次会议内蒙古代表团审议时强调，要找准内蒙古在全国构建新发展格局中的定位，深入分析自己的优势领域和短板不足，进一步明确经济发展的重点产业和主攻方向，推动相关产业迈向高端化、智能化、绿色化，因地制宜发展战略性新兴产业和先进制造业，统筹推进基础设施建设。要注意扬长避短、培优增效，全力以赴把结构调过来、功能转过来、质量提上来。

2023年，习近平总书记在内蒙古考察时强调，内蒙古是国家重要能源和战略资源基地、农畜产品生产基地和我国向北开放重要桥头堡，优化产业结构必须立足这些禀赋特点和战略定位，大力发展优势特色产业，积极探索资源型地区转型发展新路径，加快构建体现内蒙古特色优势的现代化产业体系。

二、不负嘱托，砥砺前行，推动内蒙古经济高质量发展

习近平总书记的重要指示，从根子上点出了内蒙古经济转型发展面临的突出问题，既指出了病根，又给出了根治之法，指引内蒙古找准在全国构建新发展格局中的定位，明确经济发展的重点产业和主攻方向。

（一）发展质量效益进一步提升

在习近平总书记的亲切关怀和指引下，内蒙古各族人民奋进新征程，推动发展质量效益进一步提升。电石、铁合金等"两高"行业限制类产能加快退出，退出率分别达100%和90%。2023年，尽管煤炭产业只增长1.4%，但非煤产业快速增长，达到12.1%；制造业、高技术制造业、战略性新兴产业、科技研究和技术服务业、软件和信息服务业均实现两位数增

长；工业投资增长 32.9%，居全国第二位；制造业投资增长 46.4%，新能源装备制造业投资增长 1.2 倍；一般公共预算收入突破 3000 亿元，地方口径占全口径税收 59.4%，居全国首位。这反映出内蒙古在调结构、转动能、提质量上迈出坚实步伐。2023 年底，研究部署政策落地工程、防沙治沙和风电光伏一体化工程、温暖工程、诚信建设工程、科技"突围"工程和自贸区创建工程，全力推动高质量发展加速成势。

（二）坚持链式思维做强优势特色产业

在习近平总书记的亲切关怀和指引下，内蒙古各族人民奋进新征程，坚持链式思维做强优势特色产业。聚焦新能源装备制造、新型化工、新材料、生物医药等八大产业集群和 16 条重点产业链，实行产业链"链长制"，持续深入实施延链补链强链行动，"链"上发力、"链"上攻坚，推动产业链向下游延伸、价值链向中高端攀升。2023 年，推进延链补链强链项目 650 个，16 条重点产业链产值近 1.4 万亿元。新能源全产业链增加值增长 16.1%，建成全国单体规模最大光伏治沙项目、国内在运最大陆上风电基地、世界首条固态低压储氢生产线。风光氢储装备制造业产值达到 2762 亿元，呼包鄂通 4 个基地占比达到 80%。现代煤化工产业增加值增长 15.4%，实施煤炭精深加工项目 34 个，投产 11 个，煤制乙二醇、

2024年,鄂尔多斯市积极落实自治区"六个工程"部署要求,在库布其沙漠、毛乌素沙地布局建设防沙治沙和风电光伏一体化工程。图为施工现场

煤制烯烃产能均居全国第二位。稀土产业增加值增长21%,中重稀土金属产品实现规模化生产,10万吨级全球最大稀土绿色冶炼项目开工,稀土、铌、锂等战略资源勘探实现新突破。农畜产品加工业增加值增长11.6%,加工转化率达到72%,新创建奶业、马铃薯2个国家级产业集群和3个国家级现代产业园、8个产业强镇,创建数量居全国第一位。建成全球最大乳酸菌种质库、国家羊遗传评估中心,肉羊产业产值达到

千亿级。

（三）注重用改革的办法破解难题

在习近平总书记的亲切关怀和指引下，内蒙古各族人民奋进新征程，更加注重用改革的办法破解难题。聚焦制约高质量发展的卡点瓶颈，在"放管服"改革、国企改革、科技体制改革等重点领域，推出一批关键性、突破性、创新性改革举措。针对营商环境问题，纵深推进"一网通办""一网统管"，强化对企业全生命周期服务，对12345热线诉求解决情况每月排名通报，对落后者进行约谈，越来越多的企业和群众通过热线了解政策、解决问题。2023年，受理各类诉求641万件，办结率达到95%以上；取消和下放自治区级权力事项268项，出让工业用地"标准地"332宗，"帮办代办"实现园区和村级全覆盖，"政务＋直播"服务新模式入选国务院提升政务服务效能典型案例。针对民营企业反映强烈的问题，开展清理政府拖欠企业账款专项行动，为一批企业解决了土地厂房产权手续问题，新增减税降费及退税缓费341亿元，2家企业成功上市，5家企业上榜全国民营企业500强，全区百强民营企业营收总额超过1万亿元。针对国企不强现状，开展"突围"行动，加大治理亏损力度，自治区国资委监管企业利润总额增长70%，包钢集团实现利润53亿元，电力集团在全国 500 强的排名上升 24 位，蒙能集团资产总额突破千亿元。近年来，不断加大全区财政科技支出，推动科技创新迈出坚实步伐。相继建成科学技术研究院、大青山实验室、鄂尔多斯实验室和北大鄂尔多斯能源研究院、浙大—包头硅材料联合研究中心、中国农业大学巴彦淖尔研究院等科研机构，内蒙古工业大学鄂尔多斯新能源学院挂牌成立。2023 年，承担国家重点研发计划项目 9 项，实施自治区重大科技专项 38 项，建设创新联合体 70 个，在智能矿山机器人、稀土产品制备、飞轮储能等研发应用上取得突破性成果，"蒙科聚"

创新驱动平台作用显现，全区技术交易合同数增长45.3%，交易额增长 17.6%。鄂尔多斯市建成一批高能级创新平台，投用市人才科创中心，建设北京、深圳、上海、雄安等人才科创飞地，产出一批行业领先创新成

"蒙科聚"是内蒙古实施创新驱动发展战略的重要举措，是"科技兴蒙"行动的升级版，是内蒙古科技创新驱动的总平台

果，跻身国家创新型城市行列。

（四）着力打造服务业支柱产业

在习近平总书记的亲切关怀和指引下，内蒙古各族人民奋进新征程，着力打造服务业支柱产业。近年来，内蒙古秉持做优一产、做强二产、做大三产的发展决心，坚定不移推动三次产业发展协同并进。2023 年，第一产业增加值 2737 亿元，比上年增长 5.5%；第二产业增加值 11704 亿元，比上年增长 8.1%；第三产业增加值突破万亿元大关，达到 10186

兴安盟持续加大投入，丰富旅游业态，全力打造国家级旅游度假区。图为阿尔山国家森林公园杜鹃湖

亿元，比上年增长 7.0%。内蒙古尤为重视文旅产业发展，着力把文旅产业打造成服务业支柱产业，2023 年实现国内旅游收入 3354.7 亿元。

不断加强文化软实力建设，传承弘扬中华优秀传统文化，放大文旅产业综合效应，用大格局、大手笔推动文旅事业全面繁荣发展。围绕全业全季、差异化高端化的旅游业发展定位，加强旅游资源开发，推出更多定制化的旅游产品、旅游线路，开发更多体验性好、互动性强的旅游项目，更好地满足人民群众特色化、多层次的旅游需求，内蒙古的旅游正在从东到西火起来，一年四季热起来。2023 年，出台支持文旅

乌海市发挥"山、海、沙、城"独特景观优势，推动乌海湖景区创建国家级旅游度假区，与阿拉善盟合作开发"环乌海湖"旅游资源。图为乌海湖景观

产业恢复发展 15 项措施，同北上广深等多个城市开展"百万人互游"。全区接待游客突破 2.3 亿人次，收入超过 3350 亿元，均是 2019 年的 1.2 倍。获批 17 个国家级文旅品牌，国家 5C 级、4C 级自驾车营地数量居全国第一位，国家级滑雪旅游度假地数量居全国第二位。

呼伦贝尔市扎兰屯市入选首批国家级滑雪旅游度假地，吸引了众多滑雪爱好者

习近平总书记
始终牵挂内蒙古各族人民

"我将无我，不负人民"，饱含着习近平总书记对人民的真挚情怀，映照出百年大党对人民的赤子之心。党的十八大、十九大、二十大召开后，习近平总书记到民族地区考察的第一站都是内蒙古。习近平总书记踏遍祖国北疆千山万水，心系千家万户，足迹遍及社区、园区、矿区、军区和工厂、农场、牧场、林场，从边防哨所、边境口岸和草原深处的蒙古包到机关、学校、博物馆、福利院，都留下了习近平总书记伟岸的身影。一声声询问、一句句叮嘱、一份份祝福，饱含着习近平总书记对内蒙古各族人民的深情牵挂。

一、习近平总书记和内蒙古各族人民在一起

2018 年，习近平总书记参加十三届全国人大一次会议内蒙古代表团审议时曾深情地讲道："在确定十三届全国人大代表中央提名人选的选举地区时，我选择了内蒙古自治区。我这样做的考虑，是要表达党中央对民族地区、边疆地区的重视，是要体现党中央加快推进欠发达地区发展、坚决打赢

脱贫攻坚战的决心。"

习近平总书记始终深情牵挂内蒙古各族人民。2009 年，时任中共中央政治局常委、中央书记处书记、国家副主席的习近平来内蒙古考察。在呼伦贝尔市牧民巴特尔的蒙古包里，习近平向一家人嘘寒问暖。"家里养了多少头羊，承包了多少草场，收入怎么样……"听到翔实的回答后，习近平露出满意的笑容，祝愿一家人日子越过越红火。在呼和浩特市政务服务中心和大召前街棚户区改造工程现场，习近平实地察看改善民生、为民办实事情况。

2014 年 1 月 26 日，习近平总书记冒着零下 30 多摄氏度的严寒，来到地处大兴安岭林区的兴安盟阿尔山市。当时林区正处于艰难的产业转型之中。习近平总书记十分关注当地林区改革发展和棚户区改造，在车上就向当地干部询问有关情况。在伊尔施镇困难林业职工郭永财家中，习近平总书记察地窖，摸火墙，看年货，坐炕头，详细了解一家人的生活。他表示，"快过春节了，知道你们有困难，特地来看望你们"。看到郭永财等群众住房还比较困难，他叮嘱当地干部要加快棚户区改造，排出时间表，让群众早日住上新房；要做好慰问困难群众工作，让每个家庭都过好节。习近平总书记强调，我们党员干部都要有这样一个意识：只要还有一家一户乃至一个人没有解决基本生活问题，我们就不能安之若素；只要群众对幸福生活的憧憬还没有变成现实，我们就要毫不懈怠团结带领群众一起奋斗。

习近平总书记高度重视少数民族群众生活改善问题。2014年1月27日，他来到锡林郭勒盟81岁的牧民玛吉格家，在蒙古包中同一家人围坐在一起，拉起了家常。"小孩上学远不远？""看病、购物方便不方便？""家里养了多少只羊、多少匹马？""收入怎么样？"习近平总书记问得很细。玛吉格和家人一一作了回答，并表示这些年日子越过越红火。习近平总书记问群众还有什么要求，老人反映当地有的牧户在用电、通行上还有些困难。他当即要求当地党委和政府作出规划，努力加以解决。

2017年，习近平总书记在给内蒙古自治区苏尼特右旗乌兰牧骑队员们的回信中指出："乌兰牧骑的长盛不衰表明，人民需要艺术，艺术也需要人民。"他勉励乌兰牧骑队员们"大力弘扬乌兰牧骑的优良传统，扎根生活沃土，服务牧民群众，推动文艺创新，努力创作更多接地气、传得开、留得下的优秀作品，永远做草原上的'红色文艺轻骑兵'"。

2019年7月15日上午，习近平总书记来到赤峰市松山区兴安街道临潢家园社区考察。他走进社区党群服务中心，询问社区基层党建、民族团结融合等情况，察看少数民族服饰、用品展示，同孩子们和社区居民亲切交流。习近平总书记强调，社区是各族群众共同的家，民族团结一家亲。要深入推进民族团结进步创建进社区，把社区打造成为各族群众守望相助的大家庭，积极创造各族群众安居乐业的良好社区环境。下午，习近平总书记来到赤峰市喀喇沁旗河南街道马鞍山村，这是一个汉族、蒙古族、满族等多民族群众聚居的村子。习近平总书记走进四世同堂的"多民族之家"村民张国利家。他拉着张国利母亲的手，亲切向她问好，还察看了院落、客厅、卧室、厨房、厕所等情况。赤峰市的10位干部群众代表也来到农家院，习近平总书记同他们座谈交流。松山区大庙镇小庙子村党支部书记赵会杰在2018年全国两会期间邀请习近平总书记到她所在的村里看一看，这次习近平总书记专门请她来马鞍山村见面。习近平总书记高兴地对她说："你的邀请我一直记在心上，今天我履约而来，就是要实地看看乡亲们的生产生活情况。"大家踊跃发言，争相向习近平总书记汇报自己村里发生的新变化。习近平总书记指出，乡村振兴了，环境变好了，乡村生活也越来越好了。要继续完善农村公共基础设施，改善农村人居环境，重点做好垃圾污水治理、厕所革命、村容村貌提升，把乡村建设得更加美丽。习近平总书记强调，全面建成小康社会，一个民族不能少；实现中华民族伟大复兴，一个民族也不能少。共产党说到就要做到，也一定能够做到。

2019 年 7 月 16 日，习近平总书记到内蒙古大学考察，在学校图书馆听取了学校建设发展、教学科研、人才培养、思想政治建设等工作情况介绍，察看蒙古语言文学历史成果图书展示，同正在图书馆阅览室学习的学生们亲切交流，询问学习生活情况。习近平总书记指出，少年强则中国强。未来的竞争是年青人的竞争，今天的年青人是实现第二个百年奋斗目标的骨干和栋梁。同学们要志存高远、脚踏实地，学好知识，打好基础，增长才干，将来为中华民族伟大复兴贡献自己的智慧和力量。

2020 年，参加十三届全国人大三次会议内蒙古代表团审议时，习近平总书记强调，必须把为民造福作为最重要的政绩。我们推动经济社会发展，归根到底是为了不断满足人民群众对美好生活的需要。要始终把人民安居乐业、安危冷暖放在心上，用心用情用力解决群众关心的就业、教育、社保、医疗、住房、养老、食品安全、社会治安等实际问题，一件一件抓落实，一年接着一年干，努力让群众看到变化、得到实惠。要巩固和拓展产业就业扶贫成果，做好易地扶贫搬迁后续扶持，推动脱贫攻坚和乡村振兴有机衔接。

2021 年，参加十三届全国人大四次会议内蒙古代表团审议时，对内蒙古 31 个国家级贫困旗县全部"摘帽"这一脱贫战绩，习近平总书记表示"可喜可贺"。他指出，脱贫摘帽不是终点，而是新生活、新奋斗的起点。解决发展不平衡不充分问题、缩小城乡区域发展差距、实现人的全面发展和全体人民共同富裕，仍然任重道远。内蒙古地广人稀，农牧民生活居住比较分散，生态环境脆弱，在巩固拓展脱贫攻坚成果、推进乡村振兴上难度大、挑战多，要坚决守住防止规模性返贫的底线。要发展优势特色产业，发展适度规模经营，促进农牧业产业化、品牌化，并同发展文化旅游、乡村旅游结合起来，增加农牧民收入。

2023年，习近平总书记到内蒙古考察时强调，从全国来看，推动全体人民共同富裕，最艰巨的任务在一些边疆民族地区。这些边疆民族地区在走向共同富裕的道路上不能掉队。要坚持以人民为中心，在发展中更加注重保障和改善民生，补齐民生短板，增进民生福祉，让各族人民实实在在感受到推进共同富裕在行动、在身边。要全面落实就业优先政策，把推动实现更加充分更高质量的就业摆在突出位置，完善政策体系，强化培训服务，精准有效实施减负稳岗扩就业各项政策措施，支持多渠道灵活就业，重点抓好高校毕业生、退役军人、农民工等群体就业。要开拓就业渠道，加强对脱贫家庭、低保家庭、零就业家庭、残疾人等困难人员就业兜底帮扶。要健全多层次社会保障体系，推动参保扩面，加大社会救助、医疗救助、低保和困难家庭保障扶持措施，发展养老事业和养老产业。要巩固拓展脱贫攻坚成果，把促进脱贫县加快发展作为主攻方向，增强脱贫地区和脱贫群众内生发展动力，坚决守住不发生规模性返贫底线。

二、各族人民生活越来越红火

党的十八大以来，在习近平总书记的亲切关怀和指引下，内蒙古综合运用产业扶贫、易地扶贫搬迁、教育扶贫、政策兜底等举措，创造了一个又一个减贫奇迹，书写了脱贫攻坚的壮丽篇章。2021年6月22日，自治区脱贫攻坚总结表彰大会郑重宣布：内蒙古脱贫攻坚战取得了全面胜利，现行标准下157万贫困人口全部脱贫，57个贫困旗县全部摘帽，3681

村民们幸福的笑脸成为脱贫致富奔小康的真实写照

个贫困嘎查村全部出列，绝对贫困和区域性整体贫困问题得到历史性解决。在新的起点上，内蒙古把握机遇、勇担使命，全面提升保障和改善民生水平，用足用好政策，着力稳就业、保民生、促发展，切实补齐民生短板，增进民生福祉，让各族人民群众实实在在感受到推进共同富裕在行动、在身边。内蒙古呼和浩特市入选"2023 中国最具幸福感城市（省会及计划单列市）"，鄂尔多斯市获评"2023 中国最具幸福感城市（地级市）"，鄂尔多斯市伊金霍洛旗连续 3 年荣膺"中国最具幸福感县级城市"。

（一）居民收入稳步提高

党的十八大以来，内蒙古人均地区生产总值连跨 6 个万元台阶，由 2012 年的 42441 元跃升至 2023 年的 102677 元，位列全国第八。全体居民人均可支配收入从 2012 年的 16800 元增加到 2023 年的 38130 元，位列全国第九。随着乡村振兴战略深入实施，农村牧区居民收入增速继续快于城镇居民，城乡居民收入相对差距持续缩小。2023 年，城镇居民人均可支配收入 48676 元，农牧民人均可支配收入 21221 元。群众的收入高了，底气足了，日子更有奔头了。

（二）民生安全网越织越密

党的十八大以来，内蒙古多措并举完善社会保障体系，全区主要社会保障标准基本达到或超过全国平均水平，民生安全网越织越密。截至 2023 年底，全区参加基本养老保险人数达到 1747.7 万人，基本养老保险参保率提前实现"十四五"规划目标。工伤、失业保险基金实现自治区级统收统支。克服老龄化进程加快、扩面收窄等困难，为 50.9 万名困难群众代缴城乡居民基本养老保险费，做到困难人员参保一个不漏、缴费一个不断。积极开展集体经济补助城乡居民养老保险工作，开辟了改善筹资结构、提高待遇水平的新路径。退休人员养老金、城乡居民基础养老金和工伤保险待遇进一步提高，各项待遇按时足额发放，让老百姓更踏实、更安心。

为了更好地守护人民健康，内蒙古充分发挥基本医保、大病保险、医疗救助三重制度综合保障作用，持续织牢织密全民医疗保障网，在医保服务大局上迈出了新步伐。2018—2022 年，全区人口参保率稳定在 95% 左右，职工医保和城乡居民医保政策范围内住院费用报销比例分别达到 80% 和 70% 左右。城乡居民基本医疗保险人均财政补助标准不断提高。实现基本医疗保险和医疗救助盟市级统筹。持续打通异地就医瓶颈堵点，成为全国较早实现区内无异地的省区。助力全区 157 万建档立卡贫困人口精准脱贫，农村牧区低收入人口实现应保尽保，政策范围内报销比例达 85.7%。2023 年，动态调整 236 项医疗服务价格，群众就医自付费用较调价前平均降低 19%。

党的十八大以来，内蒙古深入落实习近平总书记关于边疆民族地区在走向共同富裕的道路上不能掉队的重要要求，持续健全分层分类的社会救助体系。社会救助保障标准稳步提高，2023 年全区城乡低保标准分别达到 840 元 / 月、670 元 / 月，分别位居全国第九、第十。社会救助兜底保障措施不断完善，全区 156.7 万名低保对象、9.8 万名特困人员基本生活得到有力保障。低收入人口动态监测覆盖群体进一步扩大，将 199.8 万名低收入人口纳入常态化监测范围，主动发现、主动救助措施精准落实，凡困必帮、有难必救、应保尽保、应助尽助目标基本实现。

党的十八大以来，内蒙古坚持不懈稳定和扩大就业，就业基本盘越来越稳。2012—2023 年，年均城镇新增就业超过 20 万人。2023 年，全区城镇新增就业 21.9 万人，分别完成国家计划 18 万人的 121.5%、自治区计划 20 万人的 109.4%，就业局势保持总体稳定。离校未就业高校毕业生就业率达到 92.5%，失业人员再就业 13.1 万人，就业困难人员就业 7.3 万人，农牧民转移就业 260.1 万人，"零就业"家庭保持动态清零，就业底线兜得更牢，劳动者"饭碗"端得更稳。持续实施阶段性降低工伤和失业保险费率、失业保险稳岗返还等助企纾困政策，2023 年兑现政策红利 42 亿元，切实减

积极推出线上线下多种形式的招聘活动，实现求职者与用人单位供需精准对接，持续做好稳就业、保就业工作。图为招聘会直播现场

轻了企业负担，促进了稳岗拓岗。2023 年，103 个旗县（市、区）建成零工市场 123 个，让"路边揽活"的灵活就业人员有了遮风挡雨的暖心驿站。为方便百姓创业就业，个体工商户设立登记等 31 项事项、589 项具体项目实现全区通办，申请人可以在"家门口"办"外地事"，全区经营主体呈现出数量增长、结构优化、活跃度提升的良好态势。新设立经营主体45.9 万户，高于全国平均水平 14 个百分点，增长率创近十年

新高；全区经营主体数量达到 273 万户，净增量首次超过 20 万户，较过去 5 年平均净增量高 43%。

党的十八大以来，内蒙古加快推进基本养老服务体系建设。2023 年，新建居住区全部达标配建养老服务设施。城市"一刻钟"居家社区养老服务圈功能拓展延伸，截至 2023 年底，全区共建有居家社区养老服务中心（站）等设施 1685 个、为老餐厅 629 个，有家庭养老床位 1 万余张，服务覆盖率达到 97.6%。农村养老服务网络日趋完善，旗县级特困人员供养服务设施实现全覆盖，苏木乡镇区域养老服务中心覆盖率达到

加强社区养老服务设施和助餐点建设，满足老年人居家养老就餐需求。图为呼和浩特市玉泉区为老餐厅

50%以上，建成村级养老服务站（含幸福院）4910个，农村养老服务更加便利可及。启动实施高品质养老机构培育行动，推动"兜底有保障、普惠可持续、高端有选择"的机构养老服务供给格局加快形成。全区共建有养老机构692家，入住老年人4万多，有集中供养意愿的特困人员集中供养率达到100%。不断加大儿童福利保障和未成年人关爱保护力度，稳步提高孤儿、事实无人抚养儿童基本生活保障标准，深入实施"娜荷芽"困境儿童关爱服务示范项目，扎实推进未成年人救助保护机构建设"燎原计划"，全区已建成旗县级未成年人救助保护中心67个，覆盖率达到83%。

（三）教育发展越来越好

党的十八大以来，内蒙古坚持以人民为中心发展教育，全面贯彻党的教育方针，落实立德树人根本任务，把铸牢中华民族共同体意识这条主线贯穿办学治校全过程、各领域，加快建设高质量教育体系，教育事业取得了新进展、新成就。

2023年，全区学前三年毛入园率达95.25%，九年义务教育巩固率达98.76%，高中阶段毛入学率达93.52%。残疾儿童义务教育入学率达97%以上，提前实现"十四五"规划目标。聚焦产业发展需求，高等教育持续优化学科专业结构布局，努力做大做强生物、草业、乳业、冶金和新能源等优势特色学科专业，推进本科高校建设 16 个现代产业学院和 11 个集成攻关大平台，推进职业院校建设 97 个产业学院。2023 年，全区研究生招生规模达到 14199 人，是 2012 年的 2.5 倍。国家级一流本科课程由 27 门增加到 81 门。新增本科专业 38 个，新能源、新材料等领域的 20 个本科专业在内蒙古首次布点，高等教育支撑引领区域经济社会发展能力明显提升。截至 2023 年，职业院校理工农医类专业占比达到 63.1%，服务自治区重点产业链专业占比达到 77.6%，人才培养与产业发展的契合度显著提升。2023 年，全区共落实各类学生资助资金 48.1 亿元，发放生源地信用助学贷款 14.04 亿元，生源地信用助学贷款制度持续健全，践行了"不让一个学生因家庭经济困难而失学"的郑重承诺。

近年来，内蒙古全面推行使用国家统编教材、推广普及国家通用语言文字工作持续取得新成效。2023 年，中考国家统编教材科目首次实行"一张卷考试"，并使用国家通用语言文字命题答卷。全区中等职业学校起始年级"三科"全部使用国家统编教材，全区国家通用语言文字规范化学校达标率为 93.3%。将推广使用普通话作为一项经常性工作常抓不懈，85% 的在岗公务员普通话水平达到三级甲等以上。

继续大力推广普及国家通用语言文字，全面推行使用国家统编教材

（四）人民群众住有所居、居有所安

党的十八大以来，内蒙古深入践行人民城市理念，不断满足人民群众对住房的多样化、多元化需求，以租、改、补等方式为抓手，大力推进全区住房保障工作，加快构建"多主体供给、多渠道保障、租购并举的住房制度"。根据有关统计数据，2022 年，全区城镇居民人均住房面积达到 35.3 平方米，比 2012 年增加 5.8 平方米；农牧民人均住房面积达到 32.8 平方米，比 2012 年增加 7.6 平方米。

保障性租赁住房方面。紧盯新市民、青年阶段性住房困难问题，坚持小户型、低租金，以盘活存量资源为主，引导多方主体参与，多渠道筹集建设保障性租赁住房。2023年，全区建设保障性租赁住房1.12万套，累计筹集建设保障性租赁住房2.7万套。

公租房保障方面。紧盯城镇住房、收入"双困"家庭，增加保障渠道、完善保障方式、规范运营管理，有序改善住房困难群众的居住条件。2023年，全区分配公租房32.47万套，为2.76万户发放城镇住房保障家庭租赁补贴。

棚户区改造方面。坚持因地制宜、量力而行，严格把好棚户区改造范围和标准，重点改造城中村脏乱差棚户区，消除城市棚户区安全隐患。2023年，全区城市棚户区开工1.56

有序推进棚户区改造工作，城镇面貌焕然一新。图为鄂尔多斯市鄂托克旗改造后的棚户区

万套，实施农村牧区危房改造 4211 户，排查城市危旧房 1.6
万栋、6.8 万套。

坚决完成"保交楼、保民生、保稳定"的政治任务。截
至 2023 年 12 月底，全区房地产历史遗留问题全部销号，涉及
2992 个项目、140.5 万套房屋。2023 年，完成保交楼 7.5 万套。

（五）文化生活越来越丰富

党的十八大以来，内蒙古通过举办红红火火的群众文化
活动，落实实实在在的文化惠民举措，让越来越多的老百姓
享用到精神文化大餐。全区每万人平均拥有公共图书馆面积
和群众文化设施面积均居全国前列。乌兰牧骑作为文艺界的

《草原英雄小姐妹》剧照　　　　　　《骑兵》剧照

95

一面旗帜，牢记习近平总书记的嘱托，扎根基层、服务群众，每年深入基层演出 7000 多场次，赢得了群众的真心欢迎和高度赞誉。全区各文艺院团创排了一批思想精深、艺术精湛、制作精良的文艺作品，歌剧《江格尔》等 7 部作品入选庆祝建党 100 周年舞台艺术精品创作工程，舞剧《草原英雄小姐妹》荣获第十六届文华大奖，舞剧《骑兵》荣获第十七届文华大奖、第十二届中国舞蹈荷花奖。

（六）出行越来越便捷

党的十八大以来，内蒙古铁路运营里程连续多年保持全国第一，与周边八省区的高等级公路全面打通，民用机场建设不断提速，各族人民出行越来越便捷。

铁路基础设施建设成效显著。截至 2023 年底，铁路运营里程超过 1.48 万公里〔其中，高（快）速铁路 548 公里〕，路网密度 125 公里／万平方公里，复线率 40%，电气化率 45%。从高速铁路建设来看，张呼、通新、赤喀高铁建成通车，包银（含银巴支线）、集大原高铁推进建设，齐海满、齐乌通高铁项目纳入国家《中长期铁路网规划》。从快速铁路建设来看，呼准鄂、白阿线白乌段快速铁路建成通车，集通铁路电气化改造、锡太铁路推进建设，富加线改造工程启动前期工作，白阿线乌阿段正式进入建设阶段。从普速铁路建设

交通运输事业发展迅速，盟市全部通高速公路，旗县全部通一级及以上公路，呼和浩特市开通地铁。图为呼和浩特至北京高铁，2019 年 12 月开通后，进京时间从 9 个多小时缩短到 2 个多小时

来看，浩吉、准朔铁路等重大项目建成运营，以临策、集通等为主要横线，以集二、包西等为主要纵线的"五横十纵、通疆达海"的铁路网络主骨架基本形成。

公路建设取得很大成绩。2023 年，内蒙古公路通车总里程超过 21.9 万公里。全区 103 个旗县（市、区）全部通一级及以上公路，其中 79 个通高速公路；高速公路和一级公路出区通道 47 条，6 个口岸通一级及以上公路，苏木乡镇通三级公路、较大人口规模自然村通硬化路比例分别达到 94.9%、87.7%。国家高速公路主线内蒙古段全线贯通，东西高速公路大通道仅差 108 公里就实现全线贯通。

持续加快"支支通"航空网络建设步伐，与支线机场配合，进一步延伸航空网络末梢，加快通用机场建设。截至 2023 年底，民用机场增加到 49 个。2023 年，新开通"支支通"航线 29 条，累计运营 50 条，盟市间"折返飞"问题基本解决，为群众提供更加多样便捷的交通出行服务。计划到 2025 年底，全区通用机场总数将达到 33 个，实现通用航空以点串线成网的提升，形成覆盖全区的通用航空基础设施网络。

快速推进充电基础设施建设。截至 2023 年底，实现开通运营的高速公路服务区、具备条件的普通国省干线服务区、养护道班充电桩全覆盖，初步形成了以"直流快充为主，交流慢充为辅"的网络布局，建设点位涉及 12 个盟市；"充电智能运营平台"上线运营。全区新能源公交总量 6803 辆，占比达到 61.8%，是 2018 年的 2 倍多。

坚定不移推进党的自我革命

习近平总书记到党中央工作后，4 次到内蒙古考察，都对开展党内集中教育给予重要指导。内蒙古深入学习贯彻习近平总书记关于党的自我革命的重要思想，坚定不移以党的自我革命引领社会革命。

一、习近平总书记对内蒙古反腐败斗争和作风建设作出重要指示

2014 年，习近平总书记在内蒙古考察时指出，推动改革发展事业，关键在党，关键在广大党员干部要有优良的工作作风。实践证明，抓作风建设最重要的是讲认真。各级党组织要弘扬认真精神，坚持高起点开局、高标准开展、高质量推进第二批群众路线教育实践活动，尤其要在坚持抓严、认真抓实、切实抓长上下功夫，真正做到让党员、干部思想上受教育、作风上有转变，让广大群众感到变化、感到满意。全党同志特别是领导干部一定要讲修养、讲道德、讲廉耻，追求积极向上的生活情趣，养成共产党人的高风亮节，做到富贵不能淫、贫贱不能移、威武不能屈。

2019 年，习近平总书记参加十三届全国人大二次会议内蒙古代表团审议时强调，过去我们党靠艰苦奋斗、勤俭节约不断成就伟业，现在我们仍然要用这样的思想来指导工作。吃不穷、穿不穷，计划不到一世穷。党和政府带头过紧日子，目的是为老百姓过好日子，这是我们党的宗旨和性质所决定的。不论我们国家发展到什么水平，不论人民生活改善到什么地步，艰苦奋斗、勤俭节约的思想永远不能丢。艰苦奋斗、勤俭节约，不仅是我们一路走来、发展壮大的重要保证，也是我们继往开来、再创辉煌的重要保证。

2019 年，习近平总书记在内蒙古考察时强调，各级领导干部要树立正确政绩观，端正思想、转变作风，挺直腰杆勇担当，俯下身子抓落实。

2020 年，习近平总书记参加十三届全国人大三次会议内蒙古代表团审议时指出，中国共产党根基在人民、血脉在人民。党团结带领人民进行革命、建设、改革，根本目的就是为了让人民过上好日子，无论面临多大挑战和压力，无论付出多大牺牲和代价，这一点都始终不渝、毫不动摇。他强调，党员、干部特别是领导干部要清醒认识到，自己手中的权力、所处的岗位，是党和人民赋予的，是为党和人民做事用的，只能用来为民谋利。各级领导干部要树立正确的权力观、政绩观、事业观，不慕虚荣，不务虚功，不图虚名，切实做到为官一任、造福一方。

2022 年，习近平总书记参加十三届全国人大五次会议内蒙古代表团审议时强调，要始终保持反腐败永远在路上的清醒和坚定，坚持不敢腐、不能腐、不想腐一体推进，坚决割除毒瘤、清除毒源、肃清流毒。要把严肃党内政治生活作为推动全面从严治党向纵深发展的基础性工程，加快推动党内政治生活全面回归健康规范的轨道。要巩固拓展党史学习教育成果，建立常态化长效化制度机制，教育引导广大党员、干部把学党史、用党史作为终身必修课，不断坚定历史自信、增强政治自觉，弘扬伟大建党精神，更加信心满怀地奋进新征程、建功新时代。

2023 年，习近平总书记在内蒙古考察时强调，通过集中教育推动全党以自我革命精神解决党风方面的突出问题，是一条重要历史经验。人民群众看主题教育是否有成效，最直观的感受是看党风方面存在的问题是否得到解决、党员干部作风是否有明显进步。要抓实以学正风，坚持目标导向和问题导向相结合、学查改相贯通，对标党风要求找差距、对表党性要求查根源、对照党纪要求明举措，增强检视整改实效。要大兴务实之风，抓好调查研究，在察实情、出实招、求实效上下功夫，把工作抓实、基础打实、步子迈实，在力戒形式主义、官僚主义上取得明显实质性进展，以这次主题教育为契机，将调查研究发扬光大。要弘扬清廉之风，教育各级领导干部牢固树立正确权力观，全面查找廉洁风险点，筑牢思想防线，坚守法纪红线。要按照"三不腐"要求健全相关制度、严格执纪，建好护栏。要养成俭朴之风，把生活作风问题作为检视整改的重要内容，督促广大党员干部保持清醒头脑，筑牢贯彻落实中央八项规定及实施细则精神的堤坝。

二、以党的自我革命引领社会革命

过去一个时期，内蒙古一些地区和领域出现了严重腐败，思想观念保守、工作作风不实成为制约内蒙古经济社会发展的"拦路虎"。这两年之所以能够把各种不良风气扭转过来、把思进思变的新风正气树立起来，逐步修复遭到污染和破坏的政治生态，靠的就是以习近平同志为核心的党中央的坚强领导，靠的就是习近平总书记的把脉定向、指路引航。

（一）坚定不移把反腐败斗争向纵深推进

党的十八大以来，自治区党委坚决扛起全面从严治党政治责任，不断深化正风肃纪反腐，坚决清除贯彻落实工作中的"拦路虎""绊脚石"，为办好两件大事清障护航。在党中央的坚强领导下，以前所未有的力度惩贪治腐，紧盯煤炭资源领域违规违法问题"倒查20年"，着力铲除污染政治生态的最大"毒瘤"。把严惩政商勾连的腐败作为反腐败攻坚战的重中之重，深化整治金融、国企、能源、医药、基建工程和招投标等领域腐败问题，深入抓好煤炭资源领域违规违法问题常态化治理。不断健全风腐同查同治工作机制，强化以案促改促治和正反两方面教育，坚决防止享乐主义、奢靡之风反弹回潮。政治生态"灾后重建"向前迈了一大步。

（二）推动形成担当作为的好作风

自治区党委从建立健全体制机制入手，出台一系列政策措施，着力推动思想观念和工作作风转变。2022 年 7 月，自治区党委出台《关于激励干部担当作为的十二条措施》，以用人导向激发担当动力，以科学考核压实担当责任，以严管厚爱增添担当活力，为广大干部鼓劲加油、赋能松绑，努力营造敢想敢干敢担当的浓厚氛围。

2022 年 9 月，为切实解决内蒙古干部队伍中存在的畏首畏尾、不敢担当等问题，旗帜鲜明支持和保护作风正派、担当作为、锐意进取的干部，进一步调动广大干部的积极性、主动性、创造性，自治区党委精准把握容错免责的科学区间，细化容错具体情形和条件，制定出台了《关于进一步推进容错纠错工作的意见》。该意见明确对在理旧账、解难题，执行急难险重任务等工作中冲锋在前、主动履职、担当作为，出现失误错误并积极主动纠错整改的干部，大胆容错；对存在弄虚作假、坑害百姓、官商勾结、贪赃枉法等违纪违法行为的干部，坚决不容。推动树立上级为下级担当、组织为个人担当、干部为事业担当的鲜明导向。

2022 年 12 月，自治区党委办公厅印发《推进领导干部能上能下实施细则》，明确下的标准、细化下的情形，拓展识别途径、完善工作链条，推动干部能上能下、能进能出，进而形成能者上、优者奖，庸者下、劣者汰的良好局面。

自治区党委大力选用担当作为好干部，完善实绩考核、干部选任等办法，加大对"躺平式"干部的惩戒力度，组织开展经验大起底，打出一套激励干部担当作为的"组合拳"，推动形成奋发有为、竞相作为的良好局面。全区干部队伍精神面貌明

2022 年 10 月 5 日，《光明日报》头版刊登文章《内蒙古：大力营造担当作为干事创业新态势》

显改变，许多工作干出了好势头、干出了新气象。

（三）坚决贯彻以学正风要求

内蒙古高标准高质量开展学习贯彻习近平新时代中国特色社会主义思想主题教育，在全区党员中进行了一次全面深刻的政治大练兵、理论大学习、思想大武装。全区党员学思践悟习近平新时代中国特色社会主义思想走深走实，坚定拥护"两个确立"、坚决做到"两个维护"的政治自觉、思想自觉、行动自觉进一步增强。紧紧围绕、毫不偏离铸牢中华民族共同体意识这条主线，民族团结进步大局进一步巩固发展。闯新路、进中游的斗志更加昂扬，攻坚克难办好两件大事的精气神全面提振。群众最急最忧最盼的突出问题得到了有效解决，党同人民群众的血肉联系进一步密切。坚决贯彻习近平总书记考察内蒙古时提出的以学正风重要要求，以刀刃向内的自我革命精神正作风、治歪风、树新风，集中力量、真刀真枪专项整治了一批突出问题。持续深化"三多三少三慢"问题专项整治，推动党员干部做到"三要"（要多思考问题，要多研究思路，要多干实事）。从立规矩、建机制入手，制定出台20条措施，在"规范、精减、提速"上下重拳、出狠招。自治区本级台账精减超过七成，自治区开至旗县的会议减少近五成，党员干部的"慢粗虚"问题得到有力纠治，全区政治生态呈现新气象。

当前，内蒙古正处在闯新路、进中游的关键时期、吃劲阶段，办好两件大事更加需要发挥全面从严治党的政治引领和政治保障作用。要把纪律规矩切实立起来、严起来，把从严管理监督和鼓励担当作为高度统一起来，把转作风树新风持之以恒抓下去，更好地促进广大干部正确立身做事、积极担当作为。

习近平总书记
为内蒙古党员干部群众鼓劲加油

凯歌而行，不以山海为远；乘势而上，不以日月为限。习近平总书记的殷殷嘱托激励内蒙古各族人民以更加昂扬的奋斗精神、更加坚定的必胜信念，建功新时代、激荡新气象、展现新作为，奋力书写中国式现代化内蒙古新篇章。

一、习近平总书记号召我们发扬蒙古马精神和"三北精神"

2014 年，习近平总书记在内蒙古考察时首次提出"蒙古马精神"。2019 年，习近平总书记在内蒙古考察时，要求内蒙古"各级领导班子和广大党员、干部发扬'吃苦耐劳、一往无前，不达目的绝不罢休'的蒙古马精神"，"努力把各项工作做得更好"。2020 年，习近平总书记参加十三届全国人大三次会议内蒙古代表团审议时，嘱托"内蒙古自治区各族干部群众大力弘扬'蒙古马精神'，一往无前，奋发进取，在建设亮丽内蒙古上取得新的更大进展！"

　　2023 年，习近平总书记在巴彦淖尔市考察并主持召开加强荒漠化综合防治和推进"三北"等重点生态工程建设座谈会时，号召大家发扬"艰苦奋斗、无私奉献、锲而不舍、久久为功"的"三北精神"，勇担使命、不畏艰辛、久久为功，努力创造新时代中国防沙治沙新奇迹，把祖国北疆这道万里绿色屏障构筑得更加牢固，在建设美丽中国上取得更大成就。

二、形成千帆竞发、百舸争流的发展局面

　　深情嘱托励我行，使命催征勇向前。内蒙古大力弘扬习近平总书记倡导的"吃苦耐劳、一往无前，不达目的绝不罢休"的蒙古马精神和"艰苦奋斗、无私奉献、锲而不舍、久久为功"的"三北精神"，以更大力度和更实举措推进各项事业高质量发展。

　　内蒙古从解决思想观念问题入手，推动各级干部坚决做到"七个摒弃"，摒弃"我不如人"的念头，"发展不用太

急了"的想法，"重过程不重结果"的意识，"没有成方不敢开药"的做法，"看眼前不看长远"的思维，"不讲细节、差不多就行"的心态，"重生产轻经营"的观念，切实端正发展观、政绩观、事业观。

内蒙古各级党组织认真开展"扬优势、找差距、促发展"专题研讨，教育引导党员干部树立赶超争先、晋位升级的雄心壮志，将蒙古马精神、"三北精神"深深根植于新时代伟大实践，以精神铸魂、以实干担当，以一马当先、万马奔腾的气势，紧跟习近平总书记奋进新征程。

内蒙古各级党委激励党员干部增强报账意识、交卷意识、成果意识，把各项工作往实里抓、往成了干。一是静下心来研究解决问题。强化"有解思维"，组织各级领导干部对优化经济布局、开发区建设管理、做大做强稀土产业、物流业提质增效等事关全局和长远发展的重大问题，沉下心来调查研究，切实把工作从哪入手、重点抓什么、具体怎么干都想

清楚、琢磨透，找出方法、拿出举措。二是一竿子插到底推动落实。引导广大党员干部特别是领导干部主动担当作为，真抓实干、务求实效，自觉做到"我开的会我贯彻，我作的批示我落实，我制定的政策我兑现，我做的调研我推动"，以身作则、以上率下把工作做好。三是拿实实在在的成果交卷。坚持全链条抓落实，研究问题就研究透，干工作就干彻底，做好抓落实的"后半篇文章"，最终拿成果交卷，做到善始善终、善作善成。

蒙古马精神和"三北精神"已经成为内蒙古广大党员干部千方百计抓生态、抓招商、抓项目、抓产业、抓民生，全力以赴稳增长、促改革、谋发展、惠民生、治荒漠的精神动力，必将推动内蒙古形成千帆竞发、百舸争流的发展局面，激励全区各族人民全力完成好习近平总书记交给内蒙古的五大任务和全方位建设模范自治区两件大事，向着闯新路、进中游的目标奋勇前行。

贯彻落实好《国务院关于推动内蒙古高质量发展奋力书写中国式现代化新篇章的意见》

在习近平总书记的亲切关怀下，2023年10月，《国务院关于推动内蒙古高质量发展奋力书写中国式现代化新篇章的意见》（以下简称《意见》）印发。这是2023年继习近平总书记亲临考察后，内蒙古的又一件大喜事，在内蒙古发展史上具有里程碑意义。

一、《意见》出台的重大意义

《意见》牢牢把握习近平总书记和党中央对内蒙古的战略定位，紧扣支持内蒙古以铸牢中华民族共同体意识为主线，加快落实"五大任务"，提出了推动高质量发展的总体要求、主要任务和保障措施，明确了闯新路、进中游的时间表和路线图，是指导内蒙古经济社会高质量发展的纲领性文件。《意见》是党的十八大以来国家出台的一篇面向边疆地区的政策性文献，干货满满、含金量十足，充分体现了以习近平同志为核心的党中央对内蒙古工作的高度重视、对内蒙古各族人

111

民的关心关爱。

《意见》的出台有利于内蒙古更好地服务国家战略，服务和融入新发展格局，对保障国家生态安全、能源安全、粮食安全、产业安全、边疆安全具有重大意义；有利于构筑祖国北疆万里绿色长城，为深入推进美丽中国建设、积极稳妥推进碳达峰碳中和作出贡献；有利于发挥好内蒙古资源能源优势，守住我国重要能源资源国内生产自给的战略底线，对于有效维护国家能源和战略资源安全、支撑保障全国高质量发展具有重要意义；有利于加快缩小区域发展差距，对于铸牢中华民族共同体意识，促进各民族守望相助，共同守卫祖国边疆，共同创造美好生活有重要意义。

《国务院关于推动内蒙古高质量发展奋力书写中国式现代化新篇章的意见》

《意见》及配套清单提出 34 项重大政策、79 项重大事项、86 项重大项目、92 项重点工作，为内蒙古走好以生态优先、绿色发展为导向的高质量发展新路子，奋力书写中国式现代化新篇章提供了重要保障和强力支持。

二、《意见》的主要内容

《意见》共 9 个部分 33 项内容，可概括为 1 个主题、5 个战略定位、2 个阶段目标、7 项主要任务和 3 项保障措施。

（一）1 个主题

《意见》确立 1 个主题：深入贯彻落实习近平总书记重要讲话和指示批示精神，支持内蒙古以铸牢中华民族共同体意识为主线，加快落实"五大任务"，推动高质量发展，奋力书写中国式现代化内蒙古新篇章。核心是高质量、新篇章。

（二）5 个战略定位

《意见》再次明确 5 个战略定位：把内蒙古建设成为我国北方重要生态安全屏障、祖国北疆安全稳定屏障、国家重要能源和战略资源基地、国家重要农畜产品生产基地、我国向北开放重要桥头堡。简称"两个屏障"、"两个基地"、"一个桥头堡"。

（三）2 个阶段目标

《意见》提出 2 个阶段目标：一个是到 2027 年，综合经济实力进入全国中等水平，城乡居民收入达到全国平均水平，产业结构优化升级，新能源装机规模超过火电，粮食和重要农畜产品供给能力持续提升，"三北"防护林体系建设工程攻坚战取得阶段性成效，防沙治沙成果显著，我国向北开放重要桥头堡作用充分发挥，"模范自治区"建设取得明显成效，内蒙古现代化各项事业实现新的发展。一个是到 2035 年，综合经济实力大幅跃升，经济总量和城乡居民收入迈上新台阶，新型能源体系基本建成，"两个屏障"、"两个基地"、"一个桥头堡"作用进一步提升，在促进民族团结进步上继续走在前列，与全国同步基本实现社会主义现代化。

（四）7 项主要任务

《意见》部署 7 项主要任务：一是从科学推进荒漠化综合治理、强化草原森林湿地保护修复、深入开展环境污染防治、推进绿色低碳循环发展 4 个方面，对统筹山水林田湖草沙系统治理，筑牢北方重要生态安全屏障作出部署。二是从增强创新发展能力、加快产业结构优化升级、促进服务业优质高效发展、加强基础设施体系建设 4 个方面，对推动产业结构战略性调整优化，构建多元发展、多极支撑的现代化产业体系作出部署。三是从推动矿产资源有序开发利用、加强矿区治理修复、创新资源型地区转型发展体制机制 3 个方面，对深化体制机制改革，探索资源型地区转型发展新路径作出部署。四是从提升传统能源供给保障能力、推进大型风电光伏基地建设、加快构建现代能源经济体系、加强稀土等战略资源开发利用 4 个方面，对构建新型能源体系，增强国家重要能源和战略资源基地保供能力作出部署。五是从加强农牧业基础设施建设、大力发展生态农牧业、强化水资源保障能力、深化农村牧区改革 4 个方面，对加快推进农牧业现代化，提升国家重要农畜产品生产基地综合生产能力作出部署。六是从强化开放大通道建设、加快发展开放型经济、加强区域协作互动 3 个方面，对积极融入国内国际双循环，推动向北开放重要桥头堡建设提质升级作出部署。七是从全面推进民族团结进步事业、加强基本民生保障、提高公共服务水平、加强守边固边兴边、防范化解重点领域风险 5 个方面，对加强中华民族共同体建设，筑牢北疆安全稳定屏障作出部署。

（五）3 项保障措施

《意见》提出 3 项保障措施：一是坚持和加强党的全面领导。充分发挥党总揽全局、协调各方的领导核心作用，深刻领悟"两个确立"的决定性意义，增强"四个意识"、坚定"四个自信"、做到"两个维护"，把党的领导始终贯穿于推动内蒙古高质量发展全过程各方面。增强党组织政治功能和组织功能，充分发挥基层党组织战斗堡垒和党员先锋模范作用，引导广大党员、干部大力弘扬"蒙古马精神"和"三北精神"，全面调动各级干部的积极性、主动性、创造性，守正创新、担当作为，凝聚各方合力，把党中央决策部署贯彻落实好。二是强化政策支持。发挥重大项目牵引带动作用，将符合条件的项目纳入中央预算内投资等支持范围。根据战略定位需要，围绕新能源、新材料、现代装备制造、现代煤化工、奶业、农畜产品等领域，在重点产业发展、重大项目落地等方面给予支持。支持内蒙古与中央和国家机关、东部沿海地区之间按照有关规定和干部管理权限开展干部挂职交流。加大人才培养力度，将内蒙古列为西部重点支持地区，推动高端人才支援内蒙古。三是健全工作落实机制。内蒙古自治区要落实主体责任，制定工作清单，明确时间表、施工图，确保各项任务落到实处。国务院有关部门要按照职责分工，根据本意见确定的目标任务，加强指导协调，出台配套政策，对内蒙古落实"五大任务"给予大力支持。国家发展改革委要加强对本意见实施的跟踪评估，完善工作机制，协调解决突出问题，重要情况及时向党中央、国务院报告。

三、全力抓好《意见》的贯彻落实

《意见》出台后，各部委积极响应，纷纷出台具体举措。目前，已出台30多项配套措施，为内蒙古当前和长远发展提供了有力支持，也为内蒙古高质量发展营造了良好环境。

内蒙古高度重视《意见》的贯彻落实工作，成立完成五大任务、推动高质量发展工作领导小组，印发《贯彻落实〈国务院关于推动内蒙古高质量发展奋力书写中国式现代化新篇章的意见〉重点任务分工方案》，细化分解189项具体任务，纳入政策落地工程推动落实。自治区党委、政府切实把习近平总书记和党中央的关怀与期望转化为推动内蒙古高质量发展的动力，鲜明地提出了政策落地工程，并将其作为头等大事，举全区之力抓落实，建立了"横向到边、纵向到底"的推进机制，推动各方面一项一项狠抓落实，让政策变成一个个鲜活的项目，给老百姓带来实实在在的福祉。对于重大项目、重大事项，实行责任制，强化落实力度；对于《意见》提出的中长期目标，明确年度工作目标，压茬推进、持续发力，确保各项工作保质保量向前推进。

　　《意见》的贯彻落实，是内蒙古当前和今后一个时期的重要政治任务。全区广大党员干部要以强烈的感恩之心和奋进之志，以锐意进取的精神状态和"时时放心不下"的责任意识，推进《意见》落地落实，切实把习近平总书记和党中央对内蒙古的关怀厚爱转化为推动高质量发展的实际行动。

图为呼和浩特市一隅

不负嘱托 砥砺前行——奋力书写中国式现代化内蒙古新篇章

　　历史和实践证明，内蒙古各项事业的发展进步，离不开习近平总书记的把舵领航，离不开党中央的坚强领导，离不开社会主义大家庭的团结包容。在全面建设社会主义现代化国家的新征程上，习近平总书记已经为内蒙古规划了发展蓝图，指明了方向和路径，全区各族人民要牢记习近平总书记的嘱托，始终感党恩、听党话、跟党走，向着闯新路、进中游的目标扎实迈进，奋力书写中国式现代化内蒙古新篇章。

后　记

按照自治区党委工作安排，自治区党委组织部会同党史和地方志研究室组织精干力量编写了《不负嘱托　砥砺前行——奋力书写中国式现代化内蒙古新篇章》一书，为组织开展群众教育提供辅导读本。

本书在编写过程中得到了自治区有关部门和专家学者的大力支持。自治区党委政法委，自治区发改委、财政厅、教育厅、农牧厅、生态环境厅、自然资源厅、公安厅、交通运输厅、人社厅、水利厅、住建厅、工信厅、商务厅、文旅厅、卫健委、民委、能源局、林草局、统计局等单位提出了宝贵意见。编写工作得到自治区党委组织部周凯、贾利霞，内蒙古人民出版社杨佐坤，自治区党委党史和地方志研究室贺彪的关心和支持。自治区党委组织部张学东、田昊、王楠为本书编写做了大量工作。内蒙古林草局、内蒙古日报社、内蒙古展览馆、内蒙古人民出版社以及丁超等为本书提供了珍贵的图片资料。有部分图片没有找到来源，请作者联系出版社。内蒙古人民出版社王静、蔺小英、董丽娟、刘那日苏负责书稿的编辑、排版工作。

　　本书编写工作在杜轶鑫、吴海山领导下进行，宋立志主持编写组日常工作，参加编写工作的还有刘文波、薄雪英、郝骏韬、赫志强、崔巧霞。

　　由于编写者水平有限，书中难免有不足之处，恳请读者批评指正。

本书编写组

2024 年 3 月

120